物流新時代とグローバル化

吉岡秀輝 著

時潮社

はしがき

　「商船隊のゆくところ自由の旗がひるがえる」は、ドイツ歴史学派の巨匠、フリードリッヒ・リスト（Friedrich List　1789-1846）が述べた言葉だそうである。リストの活躍した19世紀前半は、テロのはびこる今日から見れば「牧歌的時代」とさえ評されるかもしれない。しかし、リストのこの言葉は真理である。経済的自由主義と保護主義は、絶えずせめぎ合いを演じてきたが、保護主義が優勢になるのは例外的で、自由主義が圧倒的勝利を収めてきたと言えるからである。

　本書は、このような経済的自由主義を根底に据えて論を進めている。そして、経済的規制の撤廃が善であり、アンチ・グローバル化の動きに対しては異を唱えるものである。そこで、以下に本書の各章の内容を手短に示すことにしよう。

　第1章は、交通経済の本質論を述べたもので、交通は民主主義に資することにその最大の使命があることを古今の名著を通じて論述した、本書の序論的部分をなすものである。

　第2から4章までは、コンテナリゼーションが主要なテーマになっている。すなわち、第2章では、わが国おけるコンテナ化の過程を示すべく、その一次資料である関係者の証言を提示し、そして第3章は、海上コンテナ化の副産物として生まれたインランド・デポが時代の変遷とともにその役割を変容させてきたことの実証に努めた。さらに、第4章では、海上コンテナ輸送と航空貨物を結合せしめたシー・アンド・エア輸送を取り上げ、貨物輸送企業の提供するサービスの形態変化を捉えた。

　第5章と6章では、アメリカにおける航空規制緩和を取り上げた。規制緩和論が台頭するに足った経緯を示すとともに、規制緩和後の再編の動きを検証した。

　第7章は、国際物流とセキュリティ、とりわけアメリカの港湾セキュリテ

ィに焦点を合わせ、9.11同時多発テロ以後、アメリカ政府がこの問題にいかに効果的に対処すべくさまざま措置を講じてきたかを概観し、併せてアメリカ運輸省のレポート「海港ランドサイド・アクセス」を翻訳し、補論として示した。

　第8章が最終章で、これは、筆者がかつての同僚たちと行った中国青島市進出の日系企業に関する実態調査の結果をまとめた事例研究である。

　以上が本書の概要であるが、これは、旧著『地域物流とグローバル化の諸相』（時潮社、2013年）の各章をベースにしている。そして、旧著同様、論文集という性質上、個々の論文は、発表したその時々の時代背景を反映している。そのため、統計資料については、当時のものを使用し、現状にそぐわない面も否定できない。大方のご叱正をこう次第である。

　最後になったが、本書の上梓に向けて側面から支援し続けてくれた高崎商科大学の同僚諸氏に、また、本書の刊行に当たり貴重な助言を与えくれた時潮社代表取締役の相良景行氏ならびに同社編集部の阿部進氏に心よりお礼申し上げたい。

　　　2017年8月

　　　　　　　　　　　　　　　　　　　　　　　　吉　岡　秀　輝

目　　次

はしがき ………………………………………………………………… 3

第1章　交通の本質に関する再考察 ………………………… 11
　　　　　―文献解釈を中心にして―

　はじめに　11
　1．交通の意義と機能　12
　　（1）用語の吟味　12
　　（2）交通の第一義的機能　14
　2．交通サービスの需要と供給　18
　　（1）交通需要の特徴　18
　　（2）供給機能の要素　20
　3．高速道路無料化議論をめぐって　22
　おわりに　26

第2章　わが国における海上コンテナ導入期の再考 … 31

　はじめに　31
　1．コンテナの定義と起源　32
　2．コンテナ化前史　36
　　（1）コンテナ化のはじまり　36
　　（2）当時の日本の港湾事情　38
　3．コンテナ化の推進　41
　おわりに　45

第3章　インランド・デポ概念の変遷と今日的課題 …49

　はじめに　49
　１．草創期のインランド・デポ概念　50
　２．インランド・デポの成長発展期　54
　　（１）概念の変容　54
　　（２）インランド・デポをめぐる新たな展開（1990年代以降）　55
　３．AEO制度の導入とインランド・デポ　59
　おわりに　63

第4章　国際輸送における海運と空運の補完的結合関係について …69

　はじめに　69
　１．国際輸送の成長と輸送システム　70
　２．輸送企業の類型　72
　３．わが国におけるシー・アンド・エア輸送の発展　75
　４．シー・アンド・エア輸送とフォワーダー　81

第5章　アメリカ航空貨物業界と規制緩和 …85

　１．規制緩和論の台頭　85
　２．規制緩和の経緯　86
　３．規制下の航空貨物業界　88
　　（１）規制初期の成長とその後の抑止要因　89
　　（２）サービスの歪み　90
　　（３）生産の非効率　92
　４．規制緩和下の航空貨物業界　93
　　（１）サービス　94
　　（２）運　賃　100
　５．流動的な航空貨物業界　102

目　次

第6章　米国空運事業の再構築と規制緩和 …………109
　はじめに　109
　1．規制緩和前後の旅客航空の変化　110
　　（1）路線体系　112
　　（2）コンピュータ発券・予約システム　113
　　（3）常連顧客優待制度（FFP）　114
　2．淘汰の「嵐」　115
　　（1）フライング・タイガー航空の「身売り」　115
　　（2）パン・アメリカン航空の消滅　117
　3．再編の様相　121
　　（1）アメリカ航空業界の二極分化　121
　　（2）ヨーロッパの対応―英国航空のグローバル化戦略　123
　おわりに　124

第7章　ポスト9.11のアメリカ港湾政策とセキュリティ …………129
　はじめに　129
　1．アメリカの海運力　130
　2．ポスト9.11の港湾管理体制　131
　3．「10＋2」とスキャニング　133
　　（1）10＋2要件　133
　　（2）100％スキャニング　134
　4．C-TPAT　136
　おわりに　138
　【付論】海港ランドサイド・アクセス　140
　　（1）大都市圏における立地　140
　　（2）土地の価値と競争的利用　142
　　（3）資金調達の課題　142
　　（4）アメリカ海港における混雑緩和と土地利用構想　143

第8章　中国の経済技術開発区と日系企業 ……………149
　　　―青島の事例を中心として―

　はじめに　149
　1．中国の外資導入状況　150
　2．経済特区と経済技術開発区　152
　3．青島経済技術開発区　155
　（1）概　要　155
　（2）日系企業の実態　157
　おわりに　160

索　引　165

物流新時代とグローバル化

第1章　交通の本質に関する再考察
　　　　―文献解釈を中心にして―

　はじめに

　俳諧用語に「不易流行」という言葉がある。不易とは時代を越えて変わらぬ本質をいい、他方、流行は、時代の変化とともに社会に現れる様々な現象を指すそうである。江戸時代、松尾芭蕉の創案とされるこの原理は、俳句の世界にとどまらず、広く社会科学の研究分野においても妥当するように思う。変わらぬ本質を見極め、そこから新しい知見を得ること、それが学問研究に課せられた使命である。本質は、古今東西の著述家たちが残している著書のなかに見いだすことができる。特に古典は、多くの本質が語られている宝庫といえる。シュンペーター（Schumpeter, J.A.）は、古典研究の効用をこう述べている。

　「使いふるした思想に限りなく膠着しているのに比べたら、これを廃棄してしまった方が好ましいのは確かである。けれどもあまりに永く留まっていない限りでは、物置小屋を訪れることによって利益を受けうるのである。この物置小屋のなかから掘りだしうると期待される利点は、三つの項目のもとに示すことができる。すなわち教育的利益、新しい観念、および人間の心の動き方に対する洞察これである」と。

　21世紀に入り、早や十数年が過ぎた。政治・経済思想的に前世紀と今世紀の決定的違いは、マルクス主義の退潮であろう。旧ソ連および東ヨーロッパ諸国が社会主義経済を放棄し、市場経済を志向、実践した結果、思想としてのマルクス主義も、片隅に追いやれてしまった観がある。このことは、思想にも流行があることを明示している。マルクス主義は退潮し、次々に新たな思想が現れているが、思想は、時代や社会の反映であり、過去の思想は、新

しい時代、社会においては旧弊とならざるを得ない宿命を背負っている。それでは、過去の思想は一切顧慮するに値しない遺物なのだろうか。そうであれば、思想史を学ぶ必要はなくなり、シュンペーターの上記の議論は、意味をなさなくなる。われわれは、とかく流行ばかりに目を奪われ、本質を見失いがちだが、古い思想に一面の真理、本質が潜んでいれば、それを探り出し、現代の観点から考察して時代的意義を見いだす必要がある。

　時代は、今、IT革命に代表されるように、ダイナミックに変動を遂げている。その大きなうねりのなかで、社会全体の今後の動向を見極めることは、きわめて重要となる。「物置小屋」は、そのための材料を提供してくれる。そこで本章では、スミス（Smith, Adam）の古典や、今日ではもはや古典の部類に入れられるかもしれないボナヴィア（Bonavia, M.A.）の著作、さらにはその他の比較的最近刊行された著作を通じて、交通経済の本質を見いだし、「新しい観念」の提示を試みることにしたい。

1．交通の意義と機能

（1）用語の吟味

　まず研究対象たる交通の概念規定から始めよう。交通経済学の標準的な教科書では、交通（transport）とは、「人、モノ、情報の場所的、空間的移動」と定義され、「人が歩いて、あるいは乗用車・電車・飛行機などを利用して離れた場所にいき、貨物がトラック・貨車・貨物船などで離れた地に送られ、郵便・電報・電話でニュースや人の考えが他地に伝えられる」のがいずれも交通の範疇に入れられる。したがって交通は、人・モノの移動である輸送（transportation）と、情報の移動である通信（communication）とに二分される。

　常識的には、この二分法は奇異に感じられるかもしれない。なぜならば、交通手段（means of transportation）という言葉から、人々が具体的にイメージするのは、鉄道や自動車、船、飛行機といった「乗り物」であり、手紙や電

話、あるいは近年のインターネットではなかろうからである。前者は「運搬具」(carrying unit) であり、後者は「通信手段」(means of communication) であって、通常、両者は別々に論じられている。その一つの例として、かつての日本の行政的区割りでは、輸送は運輸省（現在、国土交通省）、通信は郵政省（同、総務省）が所管しており、また、学問の領域においても、交通論とコミュニケーション論は、独立した分野として確立を見ているとおりである。

しかし、輸送と通信は、不可分の関係を有している。その点を理解するため、自給自足の (self-sufficient) 社会を想像してみる必要がある。そこでは、人々は、自ら生産したものを自らが消費するという、経済学的に言えば、生産と消費の人格的同一が起こっている。人々は、食物や衣類を求めて、また肉や毛皮を取るため狩りに出かけ、それに必要な武器は自らが生産し、あるいは食料を得るために土地を耕した。そして、身の周りにある様々なモノを利用して住居を建て、小規模な自己完結型の共同社会 (community) が形成されて、そのなかで生計が立てられていた。その後、文明の進歩は、道路 (road) と車両 (vehicle) の発展を促し、個別の共同社会体内でのみ生活していた住民を、他地域の住民とも交流を可能にした。結果として、商品の交換がなされ、のみならず考え方や情報までもが伝達されるようになった。文明史的に見ると、輸送と通信の不可分性は、このように捉えることができる。

「分業 (division of labor) は市場の大きさによって制約される」という命題がある。たとえ自給自足社会から脱皮したばかりの社会であっても、その規模が拡大するにつれて分業は進展し、専門的技能を身に付けた人々が現れるようになる。彼らによって生産されたモノは、高い付加価値をそなえ、需要は刺激され、人々がこの時点で、もはや自身の生産物で充足できるのはほんの一部にすぎなくなって、大多数は他者の生産物に依存する体制が生まれた。分業と特化 (specialization) が人々の技量を磨き、それがより上等の衣服、より心地良い住居、より美味なる食物を生み出した。それらを享受するには、交換 (exchange) が介在しなくてはならない。そのような交換を可能にするには、対象物を欲する意思を伝えるためのコミュニケーションが成

立していなくてはならず、それが成立したならば、対象物を届けるための輸送機能が不可欠となる。「情報伝達と交通なくして、われわれの生活は１日も成り立たない」と言われるゆえんは、この点にある。

（２）交通の第一義的機能

　交通の機能は、旅客ならば、現在いる場所から、行きたいと思う場所へ、貨物であれば、現在置かれている場所から、相対的に価値がより大きくなる場所へ移動することにある。旅客の場合、移動の理由は、通勤とか出張といった経済的理由や、観光や儀礼目的の個人的あるいは社会的理由、さらに要人や軍隊の派遣といった政治的、軍事的理由など様々であるが、貨物の場合は、より単純で、いわゆる素材産業の「川上」から、各段階の工程を経て、「川下」の最終消費に供する必要から生ずる。

　生産とは、効用の創造であるとよく言われる。そして、その効用には時間的（状態的）、形状的および場所的の各効用があり、交通は場所的効用にかかわっている。一般に、１個の品物が完成品の形状で現れたとき、すなわち、形状的効用が創出されたとき、生産が完了すると思われがちだが、これだけでは不十分である。当該品が消費者に届けられて利用に供されるようになって、初めて生産は完了するのであって、このような場所的効用の提供こそが交通の機能である。

　これを別の言葉で言えば、空間的な隔たり、すなわち距離の障害を克服するということである。この点に関連して、ボナヴィアの文献には、以下のような大変興味深い逸話が残されている。

> 　例えばグリーノック砂糖訴訟事件（Greenock sugar case）において、イングランド中部地方への、ロンドンからの砂糖の運送と、グリーノックからのそれとに、鉄道が同一の運賃率を賦課するのは不衡平であると主張された。というのは後者の距離は前者の二倍だからであった。この訴訟は、ロンドンの諸会社がその地理的位置のためにもっていたスコッ

第1章　交通の本質に関する再考察

トランドの競争者に対する自然的優越性を破壊した、と抗争されたのである。しかしながら逆の見解が勝利を収めた。すなわち、交通は市場の拡張を通じて消費者に利益を与え、生産者が場所から得る半独占（semi-monopoly）に等しい優越を打破するときに、その真の機能を果しているものである、と判決されたのである。[6]

グリーノックは、図1-1に示すとおり、グラスゴー（Glasgow）の北西に位置し、クライド湾（Firth of Clyde）に面した小都市だが、18世紀から20世紀初頭にかけては、ポート・グラスゴー（Port Glasgow）、ラルグス（Largs）、エア（Ayr）などとともに貿易港として栄え、スコットランド地域における有数の商業都市群を形成していた。[7]

ところで、上記引用中の判決がいつ出されたのかは、ボナヴィアの著書には記載がなく不詳である。そこで、関連の文献を手掛かりにして、おおよその年代を割り出すことにしよう。

図1-1　グリーノック～バーミンガム～ロンドン位置図
　出所　グーグル地図 http://maps.google.co.jp

15

まず、グリーノックを通る鉄道だが、市内には8つの鉄道駅があり、そのうち最も利用度の高いのがグリーノック中央駅（Greenock Central Railway Station）である。同駅は、市の中心部にあり、グラスゴー中央駅（Glasgow Central）から西方のゴウロック（Gourock）向かって23マイル（約37キロメートル）のところに位置し、開業は1841年3月31日のことだという[8]。

　次に、グリーノックにおける製糖産業について見てみることにする。同地において砂糖精製が始まったのは1765年だというが、本格的に発展を見たのは、1850年にジョン・ウォーカー（John Walker）なる人物が精糖所を始めてからのことである。その後、1865年に、地元の有力者で、樽製造業を営み、また船舶所有者でもあるアブラム・ライル（Abram Lyle）が、4人のパートナーと共同でグリーブ精糖所（Glebe Sugar Refinery）を購入して事業を開始し、同市では一時期、12の製糖所が稼働していた。そして、19世紀末には、年間約400隻の船舶が、カリブ海諸島の耕作地からグリーノックまで加工用の砂糖を輸送するようになり、最盛期には、14の精糖所を数えるまでになったと言われている[9]。

　以上のとおり、グリーノックの鉄道駅ならびに製糖業の歴史を概観すると、グリーノック砂糖訴訟事件の判決が出されたのは、1841年の鉄道駅開業以前ではありえず、製糖業が隆盛を見た1865年以降以降、それも19世紀末と考えるのが至当である。そこで、この時期のイギリスの時代背景を少し考えてみることにする。

　政治的には、1867年と84年の選挙法の改正により、前者の改正では、都市部の労働者に選挙権が与えられて、有権者数は200万人程度に、また後者では、地方の労働者にも選挙権が与えられた結果、有権者数は440万人に達し、民主化の著しい進展が見られた時代であった[10]。他方、経済的には、「世界の工場」[11]たる地位が失われ始めた頃で、アメリカやドイツといった新興国の台頭により、イギリスの輸出市場は縮小を余儀なくされ、経済全般が活力を失いつつあった。1890年代には「鋼鉄生産ではアメリカ、ドイツに、銑鉄生産ではアメリカに追い越され」、「世界の工業製品輸出に占めるシェアでもアメ

第1章　交通の本質に関する再考察

リカ、ドイツの躍進とは逆に、イギリスは1880年の41.4％から1913年の29.9％へ大幅に後退した」(12)のであった。しかし、こうした経済分野における相対的地位の後退にもかかわらず、イギリス国民は、必ずしも貧困を強いられたわけではなく、むしろ豊かな生活を維持していた。それを可能にしたのは、巨額の対外投資に伴う所得収支の黒字が貿易収支の赤字を補填して余りあるものであったからに他ならない。先行する産業革命が、その後の経済的安定をもたらす基盤を作り、さらなる政治的民主化を推進する要因ともなりえたのであった。こうして見てくると、イギリスにおける民主化は、産業革命による必然の結果であった。民主主義は、イギリス国民の価値観として着実に根付いていき、そのような状況のもとで上記の判決はなされた。

　また、引用文中で「イングランド中部地方」とあるのは、多分、同地の代表的都市であるバーミンガム（Birmingham）のことを指しているのだろう。そのバーミンガムとグリーノック間は、道路距離で312マイル（約502キロメートル）あり、バーミンガムとロンドン間は、同117マイル（約188キロメートル）である(13)。通常の鉄道運賃体系では、距離の逓増に合わせて運賃は上昇する。われわれは、そのような運賃体系に慣れ親しんでいるので、ロンドン～バーミンガム間の2倍以上の距離のあるグリーノック～バーミンガム間を同一水準の運賃でサービスを提供するのは、間尺に合わないと感じられるだろう。

　しかしながら、この鉄道会社は、距離に関係なく均一の運賃を採用したのは、おそらく逓増運賃によって需要が減少するのを避けたいがための設定であり、需要の減少が見込まれなければ、逓増運賃を採用したかもしれない。したがって、均一運賃により直接的な損失を被るのは鉄道会社であって、利用者たる荷主ではない。にもかかわらず、ロンドンの荷主が鉄道会社を相手取って損害賠償の訴訟を起こしたのは、「距離が2倍以上なのだから、鉄道料金も2倍以上にすべきであって、そうなれば、グリーノック産の砂糖は、運賃分が価格に転嫁されて値上がりし、販売量は落ち、他方、ロンドン産の販売量は増大が見込まれる」ことが根拠になっていたのであろう。

　これに対し、裁判所の判断は、誰の利益が最優先されるべきかという考え

17

方に依存した。商品が生産地から消費地まで低運賃で輸送されれば、その分、コストの削減につながり、消費者は、より廉価にて商品を入手しうる恩恵が受けられる。消費者は一般市民であり、それに対して、地理的優位性をあくまでも主張するロンドンの荷主は特権階級である。特権階級に奉仕することは、民主主義の受容するところではない。それゆえ、裁判所の判断は、消費者、広く一般民衆に奉仕すること、すなわち民主主義の増進に寄与することに交通サービスの本質的機能がある点を示した好例と言えよう。

2．交通サービスの需要と供給

（1）交通需要の特徴

アメリカのグローバル・マーケティング論に関するある教科書は、次のような書き出しで始まっている。

> われわれは、グローバルな市場のなかで生活している。あなたは、ブラジルから輸入した椅子に腰掛け、あるいはデンマークから輸入した机に向かいながら本書を読んでいるかもしれない。あなたは、これらの商品を、スウェーデンのグローバルな家具小売業者、IKEAから購入したのかもしれない。おそらく、机の上のコンピュータは、IBMが設計し、エイサー（Acer Inc.）によって台湾で生産され、世界中に販売されているIBMの形の良い新型ThinkPadか、またはアップル社が設計してアイルランドで生産され、世界中に販売されているマッキントッシュだろう。あなたの履いている靴はイタリア製かもしれないし、あなたの味わっているコーヒーはラテンアメリカか、アフリカ産だろう。[14]

人の物的欲求は多様であり、それを満足させる源泉は、世界中に広がっている。この物的欲求を満たすため、製造業者は、原材料をその原産地から加工施設ないし工場に移動し、完成品を生産場所から消費地に移動する必要が

第1章　交通の本質に関する再考察

生じる。貨物交通需要は、このような必要から生まれる。したがって、この需要は生産要素の不均等な分布——ある地方では労働力は豊富だが原材料に不足し、別の地方では逆の事態が生じているような状態——に由来する。モノは、場所から場所に移動されるのにしたがって、その価値が増大するので、別の言い方をすれば、付加価値が創造されるため交通需要は発現する。

　他方、旅客要件は、ビジネス客であれば、自分たちの提供するサービス、すなわち労働の価値が、地元にとどまった場合よりも大きいならば、旅行に伴う時間と費用を相殺して余りあるものとなるので、自宅から他の場所へと移動することになろう。観光客であれば、例えばリクリエーション目的あるいは避暑、避寒といった気候要因に根差して交通需要が発生する。その場合、当事者は、自宅にとどまって享受されるであろう満足よりも、旅行の結果として得られる満足の方が大きいと評価、判断していることになる。

　貨物であれ、旅客であれ、このような交通需要は、通常、派生的（derived）と言われる。貨物輸送は、最終消費者が交通対象たるモノを消費することによって完結するわけだから、交通は最終消費のための手段であって、他の何らかの願望を満たすための「添え物」（adjunct）にすぎないとさえ言われる。[15]旅客輸送においては、旅客は、自宅住居と仕事場あるいは観光地との距離的懸隔を埋めるサービスを消費することによって経済的ないし精神的満足を得ることを主目的とし、移動自体は副次的である。

　ただし、航海クルーズは、例外的事例と言えよう。クルーズを楽しむ人の場合は、移動そのものが主目的となる。クルーズの参加者たちは、数日間を海の上で過ごし、船上では様々なアトラクションを楽しみ、特定の場所で上陸することはたまにあっても、それは船上アトラクションの延長と見なされ、すぐに乗船して、出港した港に再び戻ってくる。自動車やオートバイのマニアが、運転だけが楽しみでドライブしたり、ツーリングに出かけたりするのも、幾分、これに似通っているだろう。

　以上、結論として言えることは、交通需要は派生的であろうとなかろうと、それが満たされて初めて、人々の生活水準は維持向上が図られるという点で

19

ある。それには十分な交通および通信インフラが整っている必要があり、文明の発展に不可欠な要素をなしている。

(2) 供給機能の要素

　土地、労働、資本は、あらゆるモノとサービスの供給に不可欠の生産要素である。われわれは、このことを経済学の第一歩のところで学んだ。交通サービスの場合は、通路 (way)、ターミナル (terminal)、運搬具 (carrying unit) および動力 (motive power) が物的な生産要素を構成しており、交通研究においては、これらのすべてが考慮の対象とされなくてはならないが、交通手段の発展を知るには、動力の変遷を理解することがとりわけ有意義である。フォークス (Faulks, Rex W.) は、その著 *Principles of Transport* において、現存の、あるいは以前に存在していたあらゆる形態の運搬具と動力源の関係を表1-1のとおり示した。

　今日、自然の動力、すなわち畜力、人力および風力を推進力として利用する運搬具は、まったく姿を消してしまったか、姿

表1-1

動力のタイプ	動力源	推進手段・方法
自然のもの	畜　力	馬、牛、ラクダなど
	人　力	
	風　力	
人工のもので、車両等で運搬されるもの	動力を生み出すための石炭、石油など	蒸　気
	石　油	石油および/またはディーゼルオイル・エンジン
	電力を生み出すための石炭など	蓄電池
人工のもの、ただし車両等で運搬されないもの	電力を生み出すための石炭、水力など	電　力

出所　Faulks (1990). *Principles of Transport.*

第1章　交通の本質に関する再考察

は消さないまでも、交通の第一義的な機能、すなわち場所的な隔たりを埋める目的ではなく、観光あるいはスポーツ目的(16)で利用されるにすぎない。したがって、交通経済学の研究対象には、とうになりえなくなっている。

産業革命を経て、蒸気機関とそれに続く内燃機関が出現すると、動力タイ

各種の交通形態に適用される動力タイプ

道　路	鉄　道	内陸水路	海上および湖沼	航　空
荷車、乗合馬車など、ただし現在はほとんど見られない	物理的には可能だが、例外的にあるのみ	運河はしけ、ただし現在はとんど姿を消す	実行不能	実行不能
自転車、手押し車、人力車など	保線区員の手押し車など	櫓櫂船、パント舟など	櫓櫂船	可能性としてはきわめて限定的、ペダル操作式の軽飛行機
スポーツ目的のランドヨット、ただし非商業的な適用	非商業的な適用	娯楽目的の帆船	帆船、ただし現在、商業目的の帆船はほとんど姿を消す	スポーツおよび軍事目的のグライダー
トラクションエンジン、蒸気ローラー、蒸気機関バスなど、ただし現在はほとんど見られない	蒸気機関車、ただし現在はほとんどが他の方式に置き換えられている	蒸気タグボートなど	蒸気レシプロ・エンジン	実行不能
自家用および商業車	ディーゼル機関車・ディーゼル客車列車	ディーゼル動力タグボートなど	内燃機船など	ピストン・エンジン式航空機、ジェット機用ケロシンも含む
ライトバンおよび乗用車、研究開発を条件とする	軌道車用の限られた使用、および特殊機関車	商業的には利用されていない	商業的には利用されていない	実行不能
路面市街電車、トロリーバス	電気機関車・電気客車列車	商業的には利用されていない	実行不能	実行不能

p.25.

プとして「自然のもの」は、「人工のもの」に取って代わられ、商業交通に入り込む余地はなくなった。そして、人工の動力タイプは、動力源を自積載するものと、しないものとに二分され、前者はガソリンや軽油、重油など各種の燃料をタンクに積んで、それを消費しながら走行、航行、飛行する自動車、船舶、航空機であり、後者が電車である。ところが、この表のどのセルにも属さない、より正確に言えば、推進手段・方法が複数にまたがる運搬具が出現している。それは、エンジンと蓄電池を動力源とするハイブリッドカーであり、スーパーエコシップ（SES）[18]と称される次世代内航船である。環境配慮は時代の要請であり、当然、交通もこの要請に応えるべく発展を続けている。ハイブリッドカーは、その最たるもので、時代を疾駆している観がうかがえるが、動力源である石油の世界の埋蔵量を考えれば、かつての畜力と同じ運命をたどることも十分予想される。

3．高速道路無料化議論をめぐって

　高速道路の料金は、一種の通行税、道路税である。A．スミスは、その種の税について以下のような見解を示している。

> 車両の重さに比例する租税は、それが道路を改修するという目的にだけに充用されるばあいにはきわめて公平な租税であるけれども、それがなにか他の目的に充用されるばあい、すなわち国家の一般的な緊急の必要を充足するばあいにはきわめて不公平なものである。上述の目的だけに充用されるというのであれば、各車両はそれが道路に対してあたえる消耗を正確につぐなう支払いをするものと考えられる。ところが、それがなにか他の目的に充用されるというのであれば、各車両はこの消耗以上の支払いをし、国家のなにか他の緊急の必要に寄与するものと考えられるのである。[19]

スミスのこの議論は、「車両の重さに比例する租税」が道路税として徴収される場合、その納付金が当該道路の改修・保全費用に充当される限り、公平な租税といえるが、現実には必ずしもそうなっていないことを示唆するものである。

　スミスは、18世紀の中・後期に活躍した人物であるが、当時のイギリスの道路事情は、「馬車時代」(coaching era) と言われるとおり馬車交通の全盛時代であり、それとともに「騎馬」(horse-riding) および「荷車」(cart) も伝統的輸送手段として依存の度合いは高かった。この種の交通を可能にするには、道路が整備されていることが前提になる。しかし、「当時の道路の大半が、狭隘で、屈曲し、勾配が強く、泥土の路面のままであった」[20]ため、改良の必要があった。当初はそれを地域住民の賦役に頼ったが、それでは賄いきれなくなり、そのため、1661年の道路法制定により、道路の修繕を道路税の徴収をもってこれに充てる方式が制度的に確立され、18世紀には、着実に普及していった。

　にもかかわらず、これは必ずしも最善の方策ではなかった。スミスと同時代の著述家デフォー (Defoe, Daniel) は道路税の欠陥をこう指摘する。「道路に関する税（rate）は、この国におけるもっとも恣意的でかつ不公平な税（tax）である。ある地域では、1年間に、1ポンドにつき6ペンスの税が2〜3回徴収されるが、他の地域では、道路の状態が劣悪であり資材が不足しているにもかかわらず、道路税は徴収されていない。また、他の地域では、支出してもいない費用を道路監督官が道路税として徴収する有様」[21]であった。

　道路税の持つこのような運用上の欠陥を補うべく、その後、ターンパイク・トラスト（turnpike trust 有料道路信託会社）という道路管理制度が生まれた。これは、道路通行者から「トール」(toll)、すなわち通行税を徴収して、それを改修費に充てようとするものである。トールを徴収するための施設をトール・ゲート（toll gate）と称し、そのトール・ゲートでは、パイク（pike）と呼ばれる木製あるいは鉄製の先端のとがった棒が回転軸に取り付けられて、馬車が来ると、トール徴収人がパイクを回転（turn）させて止め、料金が支

払われると、再度、パイクを回転させて通行させた。ターンパイクの名はそれに由来するもので、1700年代、地方行政区（parish）の委任を受けた事業体がターンパイク・トラストとして道路の整備運営に当たることとなったと言われる[22]。

　道路税にしろ、ターンパイク・トラスト方式しろ、発想自体に誤りはなかった。特に後者は、現在のわが国の高速道路料金制度の原型と見なすことができる。そこで、両者を比較するため、日本の道路制度の特徴を見ることにしよう。

　日本では従来から、道路法上、「道路無料公開の原則」が確立されており、特別な場合を除いて[23]、道路の使用は無料とされる。その根拠は、道路が国民生活の基盤であり、そのため道路の建設と維持・管理は、政府の一般財源を用いてなされるべきだとの理念にある。ところが、後の1956（昭和31）年に「道路整備特別措置法」が制定されて、「その通行又は利用について料金を徴収することができる道路の新設、改築、維持、修繕その他の管理を行う」ことが認められるところとなった。この法律で道路の種類として、高速自動車国道、一般国道、都道府県道、市町村道の4つが挙げられた。これに1972（昭和47）年、道路審議会の答申により導入された料金プール制が加わって、料金問題を膠着化させる原因となった。

　そもそもプール制という名前の由来は、全国の高速道路を一体と見なし、すべての収支を一つの償還対象として合算し、収益はいったん一つに集められ（プールされ）て、そこから各道路が必要とする費用が振り分けられる点にある。プール制により、東名高速、名神高速、中央道、関越道、東北道といった採算路線の収益で不採算路線の建設や修理費用を賄うという構図が生まれ、その結果、日本列島のどこかで新しい高速道路が建設されたり、延伸されたりすると、償還の終わった採算路線であっても無料化は永久に実現しない仕組みが生まれた。

　このようにプール制の基本的な考え方は、全国津々浦々、すべての高速道があたかも一本につながっているかのような状況を想定して、通行料を課金

第 1 章　交通の本質に関する再考察

するシステムをとっている点にある。背景には、「国土の均衡ある発展」の思想があり、それは、東京一極集中を排し、各地域の振興を図るため、地方にも高速道路が必要なのだから、その建設費および維持費を全体でカバーしようとするものである。

　しかし、国家の政策により地域振興を図ろうとするならば、それは、スミスのいう道路改修以外の「それがなにか他の目的に充用されるばあい、すなわち国家の一般的な緊急の必要を充足するばあい」に相当する。地域振興策は、産業政策その他の社会政策を通じてなされるのが本筋であり、したがって、プール制は、スミスの目には「きわめて不平等」と映るに違いあるまい。そして、スミスは、さらに次のように言及する。

　　有税道路の通行税は財貨の価格をその価値にではなくその重さに比例してひきあげるのであるから、それは高価で軽い商品ではなく粗悪でかさばった商品の消費者によって主として支払われる。それゆえ、この租税が充足しようと意図している国家の緊急の必要がおよそどのようなものであろうとも、この緊急の必要は富者ではなくて貧者の犠牲において主として充足されることになるであろう、すなわち、それを充足する能力がもっとも多い人々ではなくてその能力のもっとも少ない人々の犠牲においてそうされることになるであろう。[24]

　上記の意味するところは、車両（当時はもちろん自動車は存在せず、貨物車両としては、荷車が最も一般的な運搬具であった）の積載貨物が従価税ではなく重量税で課税されるということである。このため、ばら荷のような嵩高で、重量に比して価格の低い貨物の場合は高額の税負担となり、それに引き換え、より軽量、高額な商品は軽い負担で済む。スミスが言うには、前者の荷主は「貧者」であり、後者のそれは「富者」なのであるから、貧者が重い税を課せられ、富者はそれを免れる、つまり、負担能力のある者ではなく、「その能力のもっとも少ない人々の犠牲」でこれは成り立っている。貧者をこの犠

25

牲から解放するには、従価税が採用されなくてはならない。しかし、日常、頻繁に往来する個々の多数の積荷について、その価格を各荷主に申告させて課税するのは、煩雑極まりなく、現実的とは言えない。そうであれば、貧者の積荷に対しては、無税にするほかない。貧者と富者の識別がつきにくいなら、残された方途はすべて無税にすることで、改修の費用は国家の一般財源に頼らざるを得なくなろう。

　このような類推をわが国の高速道路無料化議論にストレートに当てはめるわけにはいかないが、考えるヒントにはなる。無料化論に対する批判として、常に言われることは、受益者負担の原則に反する、という点である。高速道路を利用する者も利用しない者も、等しく道路費用を負担することになれば、それこそ公平性を失するということである。しかし、ドライバーによっては、生涯一度も利用することのない高速道路があるかもしれない。そのようなドライバーも当該高速道路の受益者といえるのだろうか。真の受益者負担を求めるのであれば、当該道路の利用者に限定されなくてはなるまい。

　結局のところ、スミスの言わんとしているのは、課税の恣意性である。日本の現代の高速道路料金制度においては、この種の恣意性は完全に排除されていると断言できるのだろうか。

おわりに

　筆者は、基本的に高速道路は無料化すべしと主張するものであるが、その財政的な裏付けを考慮に入れると、実現は困難で、絶望的とさえ思えてくる。2009年8月の第45回衆議院議員総選挙において、民主党は、独自のマニフェストを掲げて選挙戦を戦い、勝利した。そのマニフェストで、「高速道路を原則無料化して、地域経済の活性化を図る」と公約し、具体的には、「割引率の順次拡大などの社会実験を実施し、その影響を確認しながら、高速道路を無料化していく」とし、所要額を1兆3,000億円程度と見積もった。これを受けて、2010年2月2日、国土交通省から「2010年度無料化社会実験案」が

発表された。それは、首都高速と阪神高速などを除く全国の高速道の37路線の50区間を設定して、同年6月から翌年の3月まで無料化実験を行い、渋滞状況や公共交通機関への影響などを測定しようというものである。

しかし、高速道路の無料化には、当初から、渋滞の発生・恒常化、地球温暖化の加速、競合する鉄道や路線バス、フェリーの経営圧迫など、マイナス面が指摘されており、したがって、無料化を前提にした実験に懐疑的な反応が出るのも当然であった。さらに、2011年3月の東日本大震災が社会実験の終了に向けて追討ちをかけ、震災復興の財源確保のため、一部高速道路で実施中の無料化社会実験と「休日上限1,000円」の割引制度は、同年6月19日に終了することになった。

このような一連の流れのなかで、無料化に一縷の望みを託していた人々も、それが絶たれたわけで、不満や憤りを通り越してむしろ諦念の方が強くなっている。公平性とか、平等・不平等は民主主義の根幹にかかわる問題であり、それを確保するのは国家の責務である。今日の高速道路の問題は、一言でいえば、作り過ぎということに尽きる。スミスの言葉を借りて言えば、「……あらゆる無分別な、成功のみこみのない企画は、浪費と同じようにして生産的労働を維持するために予定された基金を減少させる傾向がある」ということである。

無料化社会実験では、例えば道東自動車道（北海道）の音更帯広〜池田間の交通量は「平日1日あたり6,000台と、実験前（6月21〜25日）に比べて3.2倍となった」と伝えられた。無料化しなければ、この区間の1日当たりの通行量は1,875台の計算になり、通常料金が500円であるから、1日の料金収入が93万7,500円、1年間ではおよそ3億4,200万円になる。一方、この区間距離は21.6キロメートルで、高速道路の建設費は日本の場合、1キロメートル当たり53.6億円（工事費42.3億円、用地費11.3億円）と言われるので、当該区間の建設費は1,157億7,600万円になり、さらに、これを1年間の料金収入で割れば、償還が終わるまで330年以上を要してしまうことになる。問われるべきは、これだけの巨費を投じて見合うだけの地域振興を達成しうるのか、という点にかかってくる。

イギリスのターンパイク・トラストは、1895年にすべてのターンパイクが廃止されて、200年に及ぶ有料道路の歴史に終止符を打ったという。日本の高速道路の無料化は、さらに多くの年数を要してしまうのか、あるいは、政治的な英断が働いて、ごく短期間に実現を見るのか、見通しは立たないのが現実である。

注
（1）「不易」と「流行」という相反概念を結合して、常に「新しい俳諧美の創出を心がけ」、それとともに、古くからある「和歌の一体としての風尚を保たなければならない」ことが、俳句作成の要諦だとされる。乾裕幸（1998）「不易流行」『CD-ROM版 世界大百科事典（第2版）』日立デジタル平凡社。
（2）Joseph A. Schumpeter (1954). *History of Economic Analysis.* Ed. from Manuscript by Elizabeth Boody Schumpeter. New York: Oxford University Press. 東畑精一訳（1955）『経済分析の歴史1』岩波書店、5～6頁。
（3）Adam Smith (1937). *An Inquiry into the Nature and Causes of the Wealth of Nations.* Edited, with an Introduction, Notes, Marginal Summary and an Enlarged Index by Edwin Cannan. New York: Modern Library. 大内兵衛・松川七郎訳（1959～66）『諸国民の富（一）～（五）』岩波文庫。
（4）Michael A. Bonavia (1954). *The Economics of Transport.* Revised ed. Cambridge: James Nisbest. 黒田英雄・中田誠二訳（1960）『交通経済学』五島書店。
（5）増井健一（1973）『交通経済学』東洋経済新報社、3頁。
（6）Bonavia (1954). 黒田・中田訳（1960）、3頁。
（7）北正巳（1995.1）「クライド蒸気船の盛衰—スコットランド鉄道企業と蒸気船会社の競争と妥協（1889-1914年）の歴史」『季刊創価経済論集』創価大学経済学会、24巻3号、53頁。
http://libir.soka.ac.jp/dspace/bitstream/10911/1620/1/KJ00005443676.pdf（2012.09.16入手）
（8）'Greenock Central railway station'
http://en.wikipedia.org/wiki/Greenock_Central_railway_station（2012.09.14入手）
（9）'Greenock' http://en.wikipedia.org/wiki/Greenock（2011.11.23入手）

第 1 章　交通の本質に関する再考察

　　グリーノックの製糖会社で最も有名なのは、テート・アンド・ライル社（Tate & Lyle）である。同社は、プレイストー（Plaistow）まで拡張していたアブラム・ライルと、リバプール（Liverpool）に精糖所を設立し、ロンドンにまで拡張していたヘンリー・テート（Henry Tate）の合同により1921年に設立され、1997年 8 月まで生き残った唯一の会社であった。
(10) 「イギリスの歴史」http://ja.wikipedia.org/wiki/（2012.09.16入手）
(11) 産業革命の結果、イギリスが「世界の工場」になりえた、その詳細な過程については、J.D. Chambers (1964). *The Workshop of the World: British Economic History from 1820 to 1880*. Revised ed., London: Oxford University Press. 宮崎犀一・米川伸一訳 (1966)『世界の工場―イギリス経済史　1820-1880―』岩波書店を参照。
(12) 荒井政治 (1998)「イギリス『経済、産業』」『CD-ROM版　世界大百科事典（第 2 版）』日立デジタル平凡社。
(13) Google地図による。http://maps.google.co.jp/（2012.09.16入手）
(14) Warren J Keegan (2002). *Global Marketing Management*. 7th ed. New Jersey: Prentice-Hall International. p.1.
(15) Rex W. Faulks (1990). *Principles of Transport*. 4th ed. Berkshire: McGraw-Hill (UK). p.4.
(16) 日本では、畜力利用の例として札幌市の観光幌馬車、人力の例としては京都嵐山や東京浅草の人力車が有名で、風力ではハンググライダーが各地の丘陵上空で飛翔する姿を目にすることができる。
　　なお、ついでながら言うと、人力車の英単語はrickshawだが、これは語源的に、日本語のjinrikishaを短縮したもので、日本語からの借用語である。
(17) 軍艦を除く船舶は、利用目的の上から、商船と特殊船の 2 つに大別される。商船とは、運賃収入、すなわち商業目的で旅客および貨物の運搬に用いられるすべての船舶をいい、これに対して、例えば漁船や観測船のように、運賃収入以外を目的に利用されるすべての船舶を特殊船と称する。交通経済学の研究対象になるのは、言うまでもなく、前者である。
(18) 独立行政法人「鉄道建設・運輸施設整備支援機構」（鉄道・運輸機構と略称される）が環境保全と内航海運の活性化を目的として、2005年度から建造促進に取り組んできたものである。従来のエンジンとプロペラを軸で直結する推進システムに代えて、電気で推進用電動機（モーター）を駆動するシステムを採用することにより、推進性能の向上を図り、省エネルギー、環境負

荷の低減を狙いとしている。2008～09年に竣工したケミカル・タンカーを使った海上実験では、同型の在来船（ディーゼル推進船）と比べて、CO_2で約15～20パーセント、NO_xで約30～40パーセントの削減が確認されている。

(19) Adam Smith（1937）. *An Inquiry.* 686. 大内・松川訳（1966）『諸国民の富（四）』66～67頁。

(20) 武藤博己（1995）『イギリス道路行政史—教区道路からモーターウェイへ』東京大学出版会、54頁。

(21) 武藤（1995）、44頁参照。

(22) 武藤（1995）、69、72頁。

(23) 1919（大正8）年制定の旧道路法では、有料制の対象は橋、渡船施設に限られ、道路は該当しなかった。1952（昭和27）年改正の新道路法でも、有料制の対象は設置者を道路管理者である都道府県、市町村のみに限定することを除いては旧道路法の規定と本質的に変わらないとされる。

杉山雅洋「道路政策再考」http://www.seijo.ac.jp/pdf/faeco/kenkyu/158/158-sugiyama.pdf（2012.08.27入手）参照。

(24) Smith（1937）. 686. 大内・松川訳（1966）、66～67頁。

(25) 無料化する路線と距離（キロメートル）の内訳は、以下のとおりである。

北海道	4路線・5区間	319キロメートル
東　北	7路線・10区間	327キロメートル
北　陸	1路線・1区間	47キロメートル
関　東	7路線・7区間	108キロメートル
中　部	3路線・3区間	90キロメートル
近　畿	2路線・2区間	143キロメートル
中　国	4路線・5区間	195キロメートル
四　国	2路線・3区間	92キロメートル
九　州	6路線・13区間	249キロメートル
沖　縄	1路線・1区間	57キロメートル
計	37路線・50区間	1,626キロメートル

注　計算上では、合計距離は1,627キロメートルになる。
出所　『日本経済新聞』（夕刊）2010年2月10日付。

(26) Smith（1937）. 324. 大内・松川訳（1960）『諸国民の富（二）』357頁。

(27) 『日本経済新聞』（北海道経済版）2010年8月12日付。

(28) 国土交通省道路局（2006.4）「公正・透明で無駄のないプロセスの実現（公正な調達、コスト縮減）」http://www.mlit.go.jp/road/ir/kihon/16/7.pdf（2012.09.26入手）

第2章　わが国における海上コンテナ導入期の再考

はじめに

　貿易は、紀元前2500年頃、都市国家の成立とともに始まった地中海貿易がその起源だとされる。その時代から4千数百年もの間、海上運送における雑貨の荷役方法には、基本的な変化はなかった。船積みおよび陸揚げにウィンチやクレーン等の荷役機械が登場して機械化が導入されたものの、船内荷役においては依然人力に頼り、個々の貨物を人の手で船倉に積み上げ、また取り卸すというものであった。それが海上コンテナの導入によって運送および荷役の形態は一変し、コンテナ革命が起こった。

　ところで、海上コンテナとは、わが国で広く使われているJRコンテナのような小型コンテナと区別するための用語である。船舶で海上運送用に用いられるが、もちろんトレーラーや鉄道での陸上運送に使われて、海陸一貫輸送を担っている。

　わが国では、本格的にコンテナ化が始まったのは、1960年代に入ってからであるが、導入されて以来、コンテナ化は、関係者の予想をはるかに上回る速さで進展していった。導入が始まる前後は、学界、官界にも、また実務界にもコンテナについて精通している有識者は少なく、コンテナ研究の必要性が特に実務者の間で痛感されていた。その結果として、「日本海上コンテナー協会」[1]が1964（昭和39）年12月に設立されて、調査研究に努めたわけだが、コンテナの本格導入までの期間があまりにも短かったために、「その舞台裏はそれ自体が一場のドラマであった」[2]と言われる。コンテナ化の準備段階から定着するまでの間、このような「一場のドラマ」は様々に、数多く繰り広げられたことであろう。それらが集まってコンテナ化という「全体のドラマ」

が構成される。主人公はシーランド社 (Sea-Land Service Inc.) とマトソン社 (Matson Navigation Co.) であり、多くの関係者が共演していた。

本章は、「全体のドラマ」のプロローグを提供するものであり、併せて「一場のドラマ」の紹介も兼ねている。以下では、まずコンテナの定義と起源について触れ、次いでコンテナ化の前史を概観した後、コンテナ化の推進過程および状況について考察してみたい。[3]

1. コンテナの定義と起源

英語のcontainerの意味を英和辞典で調べると、第一義として「入れ物、容器」とあり、次に運輸用語として「コンテナ」と出ている。[4] 入れ物、容器であれば、木箱、ボール箱、瓶、缶などの他にコップまでが含まれる。コンテナは容器には違いないが、物品を収納して輸送するための容器で、一般に「輸送貨物のユニット・ロード化を目的に、用途に応じた強度を持ち、様々な輸送モードに適し、反復使用が可能な輸送容器」と言われる。[5]

ユニット・ロード化とは、輸送貨物を一定の単位にまとめることを指し、コンテナにまとめる方式 (container load system) と、パレットにまとめる方式 (pallet load system) とが代表的なユニット・ロード・システムである。ユニット・ロード化することによって、荷役作業が標準化され、荷役機械の利用による輸送効率の向上と、貨物の破損事故の減少や輸送費の節減が図られる。

ユニット・ロード化を目的としたとはいえ、しかしながら、当初は各国で各企業が自社の貨物輸送に最も適した寸法と構造のコンテナを使用してきた。使用されるコンテナがまちまちであれば、荷役の効率化にもおのずと限界が生じる。そのためコンテナの寸法、仕様、材質その他について標準化および規格化することへの関心が世界的に高まり、1961年、国際標準化機構 (International Standardization Organization, ISO) に第104技術委員会 (Technical Committee 104, TC104) と呼ばれるコンテナに関する専門委員会が設置されて、コンテナの定義、各部の名称、主要寸法、最大総重量、仕様、試験方法、隅金具お

およびの表示方法などに関するISO規格が作成された。そのISO規格の定義によると、コンテナとは、

(1) 反復使用に十分適する強度と耐久性を有し、
(2) 運送途中での詰め替えなしに異なる輸送モードにまたがって輸送できるように特別に設計され、
(3) 一つの運送方式から他の運送方式へ積み替える場合、容易な取り扱いが可能となるような装置が取り付けられ、
(4) 詰め込みならびに取り出しが容易なように設計され、
(5) 35.3立方フィート（1立方メートル）またはそれ以上の内容積を持つ、

直方体の輸送容器で、かつ「風雨に耐え、ユニット・ロード貨物、梱包貨物、バラ積み貨物を詰めて輸送し、内容物を破損から守り、輸送手段（船、鉄道など）から切り離されて一つの単位として荷役することが可能」なものと説明されている[6]。

コンテナの定義については、ISOの他にコンテナに関する通関条約（Customs Convention on Containers, CCC）や、コンテナ安全条約（International Convention for Safe Containers, CSC）などの国際条約によって独自に行われているが、コンテナとは、反復使用が可能で、複数の輸送モードに適合する構造と容積を有し、貨物の詰め込みと取り出しが容易で、ユニット化を目的とする輸送容器だとしている点で共通している。

コンテナはこのように定義されるが、その起源は、18世紀末から19世紀初めにかけてナポレオン1世が指揮した戦争（ナポレオン戦争）にまでさかのぼると言われる。ナポレオン戦争は、戦争史上で初の近代的戦争で、大きな酒樽に銃や軍事物資を詰めて輸送していたと伝えられている[7]。樽に貨物を詰めてユニット化しているという点で、ナポレオンの使った酒樽はコンテナの原型と考えられ、その意味で、ナポレオン1世はロジスティクスを実践した先駆者と評価することもできる。

日本では時代はずっと下って、1920年代から、羽二重（縮緬とならぶ絹織物の代表的な一品種）や生糸等を鉄道輸送するために木箱や竹籠で作られた

「通い箱」が使用されており、この通い箱が荷造りする手間と費用の削減を目的とし、容器として反復使用されていた点でわが国におけるコンテナの原型と言えよう。[8]

　コンテナの起源および原型は、以上のように考えられるが、現在の海上コンテナの発展は、戦争と密接な関係があった。

　第二次世界大戦において、アメリカ陸軍は軍需物資を大量輸送する必要から、コネクス・コンテナ（Connex Container　アメリカ陸軍が補給品搬送に用いた金属製コンテナのこと）80万個を整備し、各戦地まで海上輸送を行った。当時使用されていたコネクス・コンテナは、外法8フィート6インチ×6フィート3インチ×6フィート10.5インチで、内容積は295立方フィートあり、使用後は折り畳んで返送することができた。戦後は、わが国にも進駐軍によって軍需輸送のためのコンテナが持ち込まれており、当時、それが何なのかを知らぬままに、コンテナを目にした日本人も少なくないように想像される。[9]

　また、ベトナム戦争では、アメリカ軍は大量の軍需物資を南ベトナムのサイゴン（現ホーチミン市）まで輸送する必要があったが、サイゴンの港湾は荷役効率も悪く倉庫の収容力も不足していたため、シーランド社が、当時開発したばかりの海上コンテナを使って、南ベトナム向けに大量輸送を行った。陸揚げされたコンテナは野積みされて、そのまま倉庫代わりに用いられたという。コンテナがこのような実績をあげた結果、その優位性と利便性が認められて、その後、軍需物資だけでなく一般貨物にも利用されるようになり、コンテナ化時代を迎える契機となった。[10]

　ところでわが国では、1955（昭和30）年から、軽合金製の折りたたみ式コンテナが普及するようになり、[11]59年には旧日本国有鉄道（国鉄）の「たから号」によるコンテナ専用列車が運行されて、汐留〜梅田間でコンテナ輸送が開始された。鉄道輸送においていち早くコンテナ化を見ている。

　旧国鉄のコンテナ化への取り組みは意外と古く、戦前の1930（昭和5）年に100キログラム・コンテナ1,000個を試験輸送しており、また38年には所有

コンテナが約5,000個に達したという記録がある。戦後はしばらくの間、コンテナ利用の空白時代が続いたが、55年ごろより鉄道とトラックを結合したドア・ツー・ドアの一貫輸送が検討されるようになり、同年、小型冷蔵コンテナ20個が試作され、その後、改良が加えられて30個が汐留、小田原、浜田で使用されるようになった。[12]

次に1956（昭和31）年、3トン・コンテナ10個が試作されて、汐留～梅田間で使用されたが、3トンという重量はトラックの能力から見て中途半端で不経済なため、やがて5トン・コンテナに方向転換されていった。59年に5トン・コンテナ20個が試作され、11月に5トン・コンテナによる輸送が本格実施された。それが上述の「たから号」による専用列車輸送で、輸送区間の汐留～梅田間を1日1往復運行された。「たから号」の編成はコンテナ専用貨車であるチキ5000形式貨車を使い、積載コンテナ個数は120個で、同区間を平均時速約52キロメートル、約11時間で走破し、当時としては画期的な貨物列車であった。[13]

その後、1971（昭和46）年から運用を開始したＣ20型コンテナは、新サイズを採用し、通称「新5トン・コンテナ」と呼ばれた。Ｃ20形式コンテナの諸元は、外法（ミリメートル）で高さ2350×幅2438×長さ3658、内法（同）では高さ2066×幅2330×長さ3526で、内容積は17立方メートルあり、その大きな内容積が好評を博して旧国鉄の主力コンテナとなっていた。

日本貨物鉄道株式会社（JR貨物）は、2001（平成13）年4月の時点で、12フィート・コンテナ（一般用）を6万3,842個、12フィート通風コンテナ（輸送中の内部換気が可能で、内壁面と天井が断熱材で覆われた簡易な保冷機能を持つ）9,961個、12フィート荷崩れ防止装置付きコンテナ899個、12フィート保冷コンテナ62個、20フィート・コンテナ443個を保有し、同年12月には、24Ａ形式15フィート・コンテナを完成させている。[14]当時の各コンテナの諸元は、表2-1のとおりとなっている。

表2-1 JR貨物のコンテナ諸元

コンテナの種類		12フィート （19D形式）	20フィート （30A形式）	15フィート （24A形式）
外法寸法 （mm）	長さ	3715	6058	4650
	幅	2450	2490	2490
	高さ	2500	2500	2500
	容積（m³）	18.7	30.3	23.6
	積載重（t）	5	9	8
内法寸法 （mm）	長さ	3642	5955	4552
	幅	2270	2323	2318
	高さ	2252	2178	2236

出所　http://www.jrfreight.co.jp/eigyou/contena/index.html

2．コンテナ化前史

（1）コンテナ化のはじまり

　海上コンテナは、ほぼ同時期に2つの異なった観点および発想から実施された。1つは海陸一貫輸送を主眼としたシーランド方式であり、いま1つは本船荷役作業の効率化を目指したマトソン方式である。

　シーランド方式の考案者は、もともとはトラック事業者であったマルコム・P．マクリーン（McLean, Malcom P.）という人物であった。マクリーンは、1933年、弱冠21歳でノースカロライナ州レッドスプリングスにおいてトラック事業を始めた。彼の事業は1930年代を通じて急成長を遂げ、アメリカ有数のトラック会社にまで成長していった。しかしマクリーンは55年に自らのトラック会社を売却して、マクリーン・インダストリーズ社（MacLean Industries）を設立するとともに、パン・アトランティック汽船（Pan Atlantic Ship）を買収して海運事業に乗り出した。パン・アトランティック汽船は、60年にシーランド社（Sea-Land Service, Inc.）と社名変更され、その社名から、海（sea）

第2章　わが国における海上コンテナ導入期の再考

と陸（land）を結ぶ一貫輸送にかけるマクリーンの並々ならぬ決意と情熱がうかがわれる。

　アメリカは、第二次世界大戦後、急速な経済成長を経験し、貨物量が増大して、一時期いわゆる「船混み」状況を呈した。マクリーンは、鉄道の台車にトレーラーを載せて輸送する方法、すなわちピギーバックの有効性を、トラック事業者としての彼の経験から熟知していたので、それを海上輸送にも応用できないかと考えた。1956年、中古のＴ２型タンカー（１万6,000重量トン）を購入し、それを改装して、ピギーバック方式による海上運送の実験を行った。それは同年４月26日のことで、船名を「マクストン号」（Maxton）といい、同船に35フィート・コンテナを積載したトレーラー16台が積み込まれ、ニューヨーク～ヒューストン間を試験運航した。これによって荷役の時間短縮とコスト削減に効果があることが実証されたのであった。

　しかし、この方式では車両部分も同時に輸送するため積載効率が悪く、検討の結果、マクリーンは、クレーンで荷役ができるように特殊な装置（ツイストロック）をコンテナに施し、また船倉内にはコンテナの四隅にあたる所に船倉底部より垂直に設けた山型鋼のガイド（セルガイド）を据え付けて、コンテナを容易に揚げ積みできるようにした。セルガイドを装備した最初のコンテナ船、「ゲートウェイ・シティ号」（Gateway City）は、1957年10月、ニューヨークからヒューストンへの初航海に成功を収めた。そして「ゲートウェイ・シティ号」とその姉妹船５隻を用いて、アメリカ東海岸～ガルフ諸港・プエルトリコ間に定期配船を行い、ここに「コンテナ革命」の幕が切って落とされた。

　シーランド社は、上記のうち４隻を1966年に、ニューヨーク～ロッテルダムに就航させ、国際定期航路におけるコンテナ化が加速した。このときのコンテナ・サイズは、アメリカ東部および南部の各州で車両制限法規上、許可されている陸上トレーラーの最大サイズに合わせ、そこからシャーシの部分の高さを差し引いた結果、高さ８フィート６インチ、幅８フィート、長さ35フィートが採用された。

他方、マトソン社は、ウィリアム・マトソン（Matson, William）によって1882年に設立され、1901年に法人組織となり、ハワイ～アメリカ西海岸および南太平洋航路で運航を行っていた。1956年、マトソン社は、ハワイ航路の大手荷主である精糖業者から運賃の値引きを要求され、砂糖などのバラ積み貨物と雑貨を効率的に輸送する方法を研究した結果、輸送コストに占める荷役費が大きいこと、貨物の積み卸しのための停泊時間が長いことが判明した。そこで、コンテナによる荷役の機械化を図り、荷役費の低減と停泊時間の短縮化に力が注がれた。

　本船とヤード間のコンテナ移動を容易にするため、ストラドル・キャリアが開発され、1958年8月、8フィート×8フィート6.5インチ×24フィート型コンテナ20個を上甲板に積載した「ハワイアン・マーチャント号」（Hawaiian Merchant）がサンフランシスコからホノルルに向けて出航した。ストラドル・キャリアは、荷役時間を短縮化するという点できわめて大きな効果を発揮した。マトソン社はその後、65年10月と12月に改装コンテナ船2隻をカリフォルニア州～ハワイ間に投入して、太平洋のコンテナ航路を開設した。そのときのコンテナ・サイズは24フィートが採用された。[15]

（2）当時の日本の港湾事情

　ここでコンテナ化が導入される以前のわが国の港湾事情に目を向けることにしよう。当時、港湾運送（船内荷役）は、いわゆる沖荷役が主として行われ、例えば輸入貨物は、港域内のブイに係留された船舶から本船ウインチにより「はしけ（艀）」に降ろされ、岸壁まで「はしけ」運送された後、人力または陸上のクレーンなどにより陸揚げし、上屋、野積みなどへ搬入する形態が一般的であった。このような荷役方法は、コンテナの導入後、コンテナ荷役と区別する意味で「在来荷役」と呼ばれた。コンテナ荷役に比べ、在来荷役はきわめて非効率的で、その効率の悪さは具体的にこう説明された。

　「いちどにクレーンで吊り上げられるのは5トンから8トンで、1つの船倉に積めるのは1時間で約30トンだった。ニューヨーク航路に就航していた

第２章　わが国における海上コンテナ導入期の再考

１万重量トン級の船には、大体６つの船倉があったので１時間に180トン積める計算である。一船倉の荷役には15人前後の労務者が作業に当たっていた。船倉が６つあれば総勢100人近くとなる。それで10時間働いても１日1,800トンである。１日2,000トンの荷物を積んだとしても、１万重量トンの船の荷役が完了するには５日間を要することになる。船は、１年に１回は修理などでドック入りするから稼働日数を年間350日としても、航行しているのが150日、停泊しているのが200日ということだった。停泊日数が航海日数よりも多いのである」と。[16]

当時、ニューヨーク航路（横浜〜ニューヨーク間）は、往復に大体、15日間を要した。荷役は輸出港で積み込みに５日間、7.5日かけて仕向地に向かい、到着後、荷卸しに５日間、同じく帰り荷の積み込みに５日間をかけ、再度、復路を7.5日間航行した。１往復で航海に15日間、荷役は４回あって20日間を要し、10往復で、航海150日、荷役200日という非効率さであった。

こうした荷役の非効率と貿易貨物の急増、さらには港湾整備の立ち遅れから、わが国の東京、横浜、名古屋、大阪、神戸といった主要港湾では、1961（昭和36）年以来、船混み現象が顕著になり始めた。港湾管理者は、「船混み」という言い方はジャーナリズムが始めたのであって、社会資本への投資の立ち遅れから生じた「港混み（port congestion）」といったほうがむしろ正しいと指摘した。[17]

実際、『昭和39年度運輸白書』の資料から、東京、横浜、名古屋、大阪、神戸、下関、門司など特定重要港湾11港について、1958（昭和33）年と63（昭和38）年とを対比すると、入港船舶数（内貿、外貿の合計）は58年が46.9万隻、63年が66.6万隻で42パーセント増、総トン数（同）は58年２億2,100万総トン、63年３億8,800万総トンで76パーセント増、取扱貨物量（同）は58年１億2,400万トン、63年２億7,400万トンで121パーセント増となっており、当該５年間で特定重要港湾11港の貨物取扱量は２倍以上に増えた（表２‐２参照）。その一方で、港湾施設はどうなっていたかというと、500重量トン以上（水深4.0メートル以上）の大型船用係船岸壁の全延長は、58年の57キロメート

39

表2-2 特定重要港湾11港の入港船舶、取扱貨物量（1958年、63年対比）

		内 貿	外 貿	合 計
入港船隻数 （千隻）	1958年	447	22	469
	1963年	632	34	666
入港船舶トン数 （百万G/T）	1958年	89	132	221
	1963年	153	235	388
取扱貨物量 （百万トン）	1958年	81	43	124
	1963年	167	107	274

出所　http://www.mlit.go.jp/hakusyo/transport/shouwa39/ind020402/001.html
　　　（『昭和39年度運輸白書』）より作成。

表2-3　特定重要港湾11港の施設

（単位：km）

	大型船係船岸壁延長（水深4.0m以上）		
	全　延　長	水深9.0m以上	水深4.0〜9.0m
1958年	57	27	30
1963年	78	39	39

出所　http://www.mlit.go.jp/hakusyo/transport/shouwa39/ind020402/001.html
　　　（『昭和39年度運輸白書』）より作成。

ルから63年の78キロメートルと、わずか37パーセントしか増加していない。また500重量トンから1万重量トン（水深4.0〜9.0メートル）の係船岸壁は、58年の30キロメートルから63年の39キロメートルと、その増加率は30パーセントにとどまっている（表2-3参照）。かくして、当時の船混み現象は、各港湾での貨物取扱量の増加に対して、施設整備が十分に対応しきれていなかった点にその原因が帰せられたのである。

　横浜港を例にとれば、1961年8月から10月にかけて船混みのピークが見られ、同年8月には、1日の在港船は最高148隻、配船隻数は670隻の多きに達し、1隻当たり待ち時間は最高で691時間、日数に換算して28.8日間という異常事態に陥った。[18] 港湾管理者である横浜市では、対応策として、バースの規

制を開始して、定期船優先を原則にしたり、民間バースを利用できるようにしたり、また、保管施設対策として上屋の蔵置最長期間を15日とし、上屋回転率を高めるなどの応急措置を講じて、船混み緩和のための努力が重ねられた。

3．コンテナ化の推進

前述のとおり、在来荷役においては、はしけが中核的機能を果たしていた。東京、横浜、名古屋、大阪、神戸の五大港における、はしけ運送の推移は表2-4に見ることができる。五大港のはしけ輸送量は1968（昭和43）年以来、年々低下し、同年の7,056.0万トンを100とすると、9年後の77年には、68年の60パーセント、4,260.7万トンにまで落ち込んでいた。その一方で、コンテ

表2-4　五大港における船舶揚積実績、はしけ運送量およびコンテナ貨物量の推移
(単位：千トン)

年	船舶揚積実績	指数	はしけ運送量	指数	コンテナ貨物量	指数
1968	184,266	100	70,560	100	2,189	100
69	192,003	104	69,331	98	4,217	193
70	273,395	148	68,967	98	10,041	453
71	258,230	140	60,206	85	12,894	589
72	252,415	137	55,322	78	21,002	959
73	275,594	150	56,677	80	30,387	1,402
74	285,152	155	55,544	79	34,868	1,593
75	271,388	147	46,024	65	43,022	1,965
76	297,140	161	44,823	64	57,043	2,605
77	302,929	164	42,607	60	64,238	2,935

出所　松橋幸一（1983）『貿湾物流管理論』丘書房、167頁。

ナ貨物量は急増し、77年の実績は6,423.8万トンで、68年の実績219万トンのなんと29倍以上に達していた。そして、76年には、はしけ運送量とコンテナ貨物量の逆転現象が見られた。

このようにわが国においては1968年以降、コンテナ化が増大の一途をたどるが、コンテナ化に対応するための基本方針が示されたのは、海運造船合理化審議会（海造審）の答申「わが国の海上コンテナ輸送体制の整備について」（1966年9月）においてであった。

同答申は、「近時、国際海上コンテナ輸送が米国を中心に発展しつつあり、国際海運は新しい時代に入ろうとしている。この海上コンテナ輸送は、従来の海上輸送よりはるかに進んだ組織化された大量輸送を本旨とし、これにより荷役費、輸送費等を含んだ流通コストを大幅に引き下げようとするものであり、また海陸複合輸送であることから各関連分野の合理化、近代化をも要請するものである。この世界の定期航路活動における輸送革新に対処し、わが国の貿易および海運の国際競争力の維持、強化を図ることが強く要請されるので、わが国としても早急に海上コンテナ輸送体制を整備する必要がある」とコンテナ化の意義を説くとともに、体制整備の具体的方策を次のとおり提起した。[19]

(1) 一経営体の規模は、ウィークリー・サービスを実施しうることを目途とする、
(2) 船舶はフルコン船とし、コンテナは8フィート×8フィート×20フィートを主体とし、40フィート・コンテナを併用する、
(3) コンテナについては集中的運用と無差別輸送を可能にすること、
(4) ターミナルの一元的利用、
(5) 既存の同盟の枠内で運営する、
(6) 再建期間中であることを考え協調により過当競争を排除する。

この答申に基づいて、1966年12月、当時の運輸省は、日本船社のグループ化によるカリフォルニア航路のコンテナ輸送体制を勧告し、結果として、日本郵船・昭和海運グループと、大阪商船三井船舶・川崎汽船・ジャパンライ

第2章 わが国における海上コンテナ導入期の再考

ン・山下新日本汽船グループの2グループが生まれた。67年、前者がマトソン社と提携して、カリフォルニア航路において隔週1回の配船を開始した。日本におけるコンテナ化は、このときをもって始まったとされる。さらに前者グループは、翌68年9月にフルコンテナ船「箱根丸」を投入し、同年10月には、後者の4社グループによるコンテナ船「あめりか丸」が投入された。

　こうした一連の動きのなかで、一方の雄であるシーランド社は、カリフォルニア航路において出遅れた感があった。それは、むしろライバルのマトソン社に機先を制せられたと言ったほうがよい。当時の模様をよく知る、元三井倉庫港運部の鎌田敦は、筆者にこう語った。[20] 少々長くなるが、これは貴重な証言であり、第一級の一次資料と考えられるので、そのすべてを以下に紹介することにしよう。

　「1965年10月にマトソン社のスタンレー・パウエル（Powell, Stanley）社長が来日します。太平洋のコンテナ・サービスの提携先を日本の海運会社に求めることが、その目的でした。

　三井物産では、マトソン社がコンテナ・サービスを開始するのに当たり、同社のターミナル業務の獲得を目指していました。そのアプローチも試みたのですが、結局は、うまくいきませんでした。戦前から客船部門で提携関係にあった日本郵船・昭和海運の三菱グループが扱うことになり、日本郵船51パーセント、三菱倉庫49パーセントの出資で日本コンテナ・ターミナル株式会社（NCT）が設立されて、そこがマトソン社のターミナル業務を担当することになりました。

　その後、1966年に入って、三井物産本社の当時の副社長、若杉末雪氏が、[21]『シーランド社がカリフォルニア航路のサービスを開始する』との情報をつかみました。若杉氏は、在米勤務時代にシーランド社のマクリーン氏と親交があり、その線からの情報でしたので、信憑性は確実でした。三井物産ではこの情報をいかすべく、ターミナル業務についての検討に入るわけですが、三井物産といえども、当時はそれほどコンテナに詳しい人はいませんでした。

そこで、同社運輸部より私にコンテナの取扱い方法について相談があったのです。三井物産としては、本来、グループ会社である商船三井に相談すべき事項でしたが、商船三井は川崎汽船、ジャパンライン、山下新日本汽船との4社グループによるコンテナ・サービスを検討していた最中でしたので、シーランド社とは協力できる立場ではなく、そのため私のところへ相談が持ちかけられたわけなのです。

　1967年9月にマトソン社のコンテナ船が、東京の品川埠頭でカリフォルニア航路のサービスを開始しました。これに刺激を受けて横浜港でも、本牧埠頭D突堤をコンテナの扱える埠頭に改良するため、急遽、ガントリー・クレーンを設置する工事が行われました。

　当時、輸出入貨物は横浜港、旅客は東京港とのすみわけがあったこともあり、シーランド社のコンテナは、横浜港本牧埠頭のこのD突堤で扱うのがよいということになって、私は運輸省と飛鳥田一雄横浜市長のところに協力を要請しに行きました。しかし、両者からはともに協力は得られませでした。運輸省は日本の海運産業保護の観点から、飛鳥田市長はベトナム反戦の立場からの協力拒否でした。シーランド社は、ベトナム戦争でアメリカ本土からサイゴンまで大量の軍需物資の輸送を担当していましたので、反戦主義者である飛鳥田市長としては、シーランド社みたいな軍需産業には絶対に協力できないところであったのでしょう。

　1967年7月に外貿埠頭公団法が成立し、これを受けて同年の10月に京浜外貿埠頭公団と阪神外貿埠頭公団の2つの公団が発足します。飛鳥田市長は、京浜外貿埠頭公団が横浜港にコンテナ・ターミナルを造ることに対しても、自治権の侵害であるとして強く反対していました。ところが、東京都が、大井地区を造成して、前面はコンテナ・ターミナル用として京浜外貿埠頭公団に、後背地は船会社に安く提供する旨を表明したために、飛鳥田市長もやむなくコンテナ・ターミナルの建設に同意したようです。

　1968年になると、シーランド社は攻勢に転じます。3月2日付の『日本海事新聞』を通じて、シーランド社は、太平洋航路のコンテナ・サービスを開

始することを発表しました。同時に、日本政府（運輸省）の非協力を非難し、このままだと日本の船会社がアメリカ航路から締め出されるような報復を招きかねない、と関係方面に圧力をかけました。最終的には、同年12月8日にシーランド社の第1船『サンファン号』（S.S. San Juan）が本牧埠頭D突堤に入港することになり、翌9日には同突堤で盛大な歓迎レセプションが横浜市主催で開かれました。その日のうちに、岸壁の37.5トン・ガントリー・クレーンを使い約7時間かけて144個のコンテナの揚げ積みした後、『サンファン号』は直ちにアメリカに向かって出航していきました」

おわりに

　上記の証言は、ドラマそのものと言えよう。かつてスウェーデンの経済学者、グンナー・ミュルダール（Myrdal, Gunnar）は、大著『アジアのドラマ』を著したとき、その書名のいわれを、南アジアの実態のなかに「ちょうど戯曲（ドラマ）のような、かなり明瞭な葛藤と全体を流れる主題」が感じ取られたからだと説明した。[22] 鎌田の証言にも、ミュルダールの説明と同じ種類の葛藤が感じ取られ、主題が流れているように思える。その主題とは、日本におけるコンテナ化であり、コンテナ化を達成するための問題解決に向けて葛藤し続けた人々の姿が目に浮かぶ。

　コンテナ化にまつわるこの種のドラマは、至るところで繰り広げられたことであろう。それは、もちろん日本国内に限らない。海上コンテナ発祥の地、アメリカでは、シーランド社とマトソン社がそれぞれにコンテナ化の実験を繰り返し、軌道に乗せるための努力を続けてきたことは有名な話である。この2人のパイオニア、シーランド社とマトソン社のおかげで、世界は荷役効率の高度化および一貫輸送の範囲の広がりによる様々な利益を享受できるようになった。その受益者は荷主であるが、最終的には消費者が多大な恩恵を受けている。消費者の受ける利益は、価格、品質等の多方面に及び、その例を挙げれば枚挙にいとまがないほどである。

コンテナ化による利益がかくも大きいからこそ、海上コンテナ輸送は、およそ10年間という短期間のうちに、世界の各航路に普及していき、世界の各船会社がこの新しい輸送システムを採り入れていったのである。その一方で、コンテナ化は新興海運勢力の台頭をもたらした。コンテナ化は、輸送サービスを標準化し、均一化することに本来的目的があったので、在来船時代のように、雑多な貨物を船倉に積み上げるという、かなりの熟練を要する作業を必要としなくなった。ということは、後発者の参入がより容易になったことを意味する。標準化、均一化によって後発の船会社が先行の船会社と同質のサービスを提供する技術的障害は取り除かれ、アジア諸国の新興船会社が躍進する素地は、その時点でつくられたのであった。

　アメリカの海運産業は、第二次世界大戦直後、他の国々に比べて、戦争の痛手をそれほど受けず、圧倒的優位の下で再出発した。アメリカの優位性は、その後十数年間続いたが、1970年代以降、しだいに低下していき、80年代にはすでに、アメリカの外航海運は比較劣位産業に転落していた[23]。その要因は、対内的には高賃金化によるいわゆる経済の成熟化であり、対外的には新興勢力の台頭と追い上げであった。シーランド社とマトソン社の2社によって始められたコンテナ化が、アメリカ外航海運業界の競争力を低下させる結果になるとは、運命の皮肉としか言いようがない。これこそコンテナ化にまつわる最も壮大なドラマであった。

注
　（１）今日では「コンテナ」と表記される場合がほとんどであるが、日本海上コンテナー協会の設立当初からしばらくの間、「コンテナー」と長音記号付きで表された。ちなみに同協会の機関誌『コンテナリゼーション』の奥付を見ると、第９号（1968年12月１日発行）では、「社団法人日本海上コンテナ協会」発行となっており、長音記号なしの「コンテナ」に改められている。
　　　なお、同協会が社団法人に改組されたのは、1966（昭和41）年のことであった。
　（２）日本経営史研究所編（1985）『創業百年史』大阪商船三井船舶株式会社、

第 2 章　わが国における海上コンテナ導入期の再考

　　　608頁。
（ 3 ）本章の作成に当たり、当時、三井倉庫株式会社港運部に所属していた鎌田敦氏、同じく国際部の石原伸志氏より貴重な助言を得た。ここに記して両氏に感謝の意を表したい。また両氏は共著で『海上コンテナ輸送ハンドブック』を刊行する予定で、本章では、その草稿も参考にしたことを付記しておく。
（ 4 ）小学館（2002）『CD-ROM版　ランダムハウス英語辞典 Version 1.50』。
（ 5 ）オーシャンコマース編（2004）『国際コンテナ輸送の基礎知識』オーシャンコマース、5 頁。
（ 6 ）オーシャンコマース（2004）、6 〜 7 頁参照。
（ 7 ）鎌田敦、石原伸志『海上コンテナ輸送ハンドブック』草稿。
　　　なお、ついでながら言うと、海上運送と樽は古くから関係が深く、船舶トン数は、15世紀ごろ、船に積まれた樽をトントンたたきながら数え、その数で船の大きさを示すトン数としたという説がある。この樽の占める容積がほぼ100立方フィートで、酒を満たした樽の重量がほぼ2,240ポンド（1 英トン）になったという。翁長一彦（1989）「船舶トン数」『CD-ROM版　世界大百科事典（第 2 版）』日立デジタル平凡社。
（ 8 ）鎌田他。
（ 9 ）鎌田他。
（10）森隆行（2003）『外航海運とコンテナ輸送』鳥影社、71頁。
（11）現在の折りたたみ式開放形コンテナ（platform based container with incomplete superstructure and folding ends）は、両端に端壁または端部枠があり、かつそれらが折りたためる構造になっている。国際規格コンテナは折りたたんだ状態で所定の個数を積重ねると高さが 8 フィートまたは 8 フィート 6 インチになるよう設計されており、通常相互に結合され全体を 1 つのコンテナとして輸送荷役できるので空のコンテナの運行コストを節約できる。一般には 3 個から 5 個のコンテナが 1 セットになる。日本海上コンテナ協会編（1985）『総合コンテナ実務用語辞典』成山堂書店、40頁。
（12）日本国有鉄道本社営業局配車課（1966）「国鉄のコンテナ輸送」『コンテナリゼーション』日本海上コンテナー協会、第 2 巻第 1 号、15頁。このときのコンテナの大きさは、積載重量150から1,000キログラムまでの各種があったが、1939（昭和14）年に戦時下における輸送力増強の見地から廃止された。また、原典では「小形冷蔵コンテナ」とあり、これが当時の表記法であったのかもしれないが、本稿では現代流に改め、「小型冷蔵コンテナ」とした。

(13) 日本国有鉄道（1966）、15〜16頁。
(14) http://www.jrfreight.co.jp/eigyou/contena/index.html.
   2013年2月現在の保有個数は、12フィート・コンテナ（一般用）が4万6,452個、12フィート通風コンテナ1万2,981個、12フィート背高コンテナ909個、12フィート荷崩れ防止装置付きコンテナ426個、20フィート・コンテナ546個、31フィート・ウイングコンテナ25個となっている。http://www.jrfreight.co.jp/common/pdf/other/container.pdf（2013.03.20入手）
(15) 本節（2）の「コンテナ化のはじまり」に関する記述は、鎌田他および森（2003）、63〜66頁を参照した。
(16) 石川直義（2001）『日本海運ノート』オーシャンコマース、78頁。
(17) 横浜港振興協会横浜港史刊行委員会編（1989）『横浜港史・資料編』横浜市港湾局企画課、240頁。
(18) 横浜港振興協会（1989）、241頁。
(19) 三井倉庫株式会社社史編纂委員会（1989）『三井倉庫80年史』三井倉庫株式会社、302頁および日本経営史研究所（1985）、前掲書、636頁。
(20) ヒアリングは2004年7月3日、午後2時から4時30分まで、東京大手町のパレスホテルで行った。なお、鎌田は、日本海上コンテナ協会の創設から関与し、コンテナ実務の草分け的文献、日本海上コンテナ協会編（1985）『総合コンテナ実務用語辞典』成山堂書店の編集常任委員の一人でもある。
(21) 三井物産社史のなかの「年表」によると、若杉末雪が同社の副社長に就任したのは、1966年5月のことで、同年4月にニューヨーク支店ほか在米の各支店および出張所が、全米三井物産に統合、改組されている。なお、三井物産は、シーランド社のコンテナ船進出に伴い、必要機材の一手取扱および総代理店契約を67年10月にシーランド社との間で締結している。日本経営史研究所編（1976）『挑戦と創造―三井物産100年のあゆみ』三井物産株式会社、1976年、403および405頁。
(22) Myrdal, G (1971). *Asian Drama: An Inquiry into the Poverty of Nations. An Abridgement by Seth S. King of The Twentieth Century Fund.* New York: Pantheon Books. 板垣與一監訳、小浪充・木村修三訳（1974）『アジアのドラマ（上）』東洋経済新報社、22頁。
(23) White, Lawrence J (1988). *International Trade in Ocean Shipping Services: The United States and World.* Cambridge, Mass.: Ballinger Publishing Company. p.15.

第3章 インランド・デポ概念の変遷と今日的課題

はじめに

わが国における海上コンテナ化は、1967年9月、アメリカのマトソン社と日本郵船・昭和海運グループとが提携して改造フルコンテナ船によるカリフォルニア航路を隔週1回、東京品川埠頭で開始したのが始まりだとされる。インランド・デポ（inland depot）は、このような海上コンテナ化の産物であり、在来船の時代には存在し得なかったものである。そして、1971年6月、わが国初のインランド・デポである浜松内陸コンテナ基地が設立された。これらの事柄は定説であり、異論の挟む余地はないが、しかし、インランド・デポに関して確たる定義は存在しないのが現状である。海上コンテナ化が普及して、すでに40年以上が経過しいているにもかかわらず、なぜこのような状況にあるのだろうか。

その理由の一つとして、インランド・デポという言葉が、「そのときどきにより種々の意味をもって使用されて」[1]いる点が挙げられる。ということは、インランド・デポについて語る論者が、それぞれの立場から自己流の解釈を施し、それに基づいて論を進めてきたということになる。そうであれば、立場や解釈の相違から、論者の間で議論がかみ合わない事態が生じ、結果的には、インランド・デポ研究の学術的進歩を妨げる要因になってきたと言えよう。事実、鈴木暁は、統一的な定義がなされていないことによる弊害を次のように述べている。

「ちなみに、わが国のインランド・デポの全体像を示す資料が見当たらない主な理由は、インランド・デポの定義が一元的に確立されていないためといってよい。つまり税関サイドと民間物流業者とではかならずしもインラン

ド・デポについて統一的に理解されていない。大蔵省関税局では保税地域については指定の関連で把握しているものの、いわゆるインランド・デポについては全国的な資料を有していない状態であり、その実体については各地の所轄税関に委ねられているようである」と。

 この推測、つまり、当時の大蔵省関税局では、インランド・デポに関し「その実体については各地の所轄税関に委ねられているようである」が事実だとすれば、これは取りも直さず、税関サイドでは、インランド・デポの通関施設としての機能をさほど重視していないことの表れであったと言える。もちろん、インランド・デポの通関実績は、当局によって把握されているだろうが、それを集約して開示しないのは、統計的に有意な数値に達していないか、あるいはインランド・デポの実績を個別的に識別する技術的困難が内在するかのいずれかの理由によるものであろう。前者に理由があるとすれば、それはストレートにインランド・デポ軽視につながる。

 しかしながら、インランド・デポは、かように取るに足らない存在なのであろうか。以下では、改めてその存在意義を探るため、まず、インランド・デポに関する先行研究を整理し、それによってインランド・デポ概念の変遷を考証したうえで、次に、時代の経過につれてインランド・デポがどのように変容を遂げていったかを概観する。そして最後に、規制緩和時代の今日におけるインランド・デポの課題を論及してみたい。

1．草創期のインランド・デポ概念

 冒頭、わが国の海上コンテナ化は1967年に始まると述べたが、その以前、61年6月に、アメリカ規格の20フィート・コンテナを積んだAPL（American President Lines）のセミコンテナ船「プレジデント・リンカーン」（President Lincoln）が横浜山下埠頭に初入港し、これが、巷間、「第二の黒船襲来」と大騒ぎになったと伝えられている。それゆえ当時、コンテナ研究の必要性が官民を挙げて痛感されていたのだが、体系的に研究され始めるのは、64年12

第3章　インランド・デポ概念の変遷と今日的課題

月の「日本海上コンテナ協会」設立まで待たねばならなかった[3]。

　そのようななかで、インランド・デポの何たるかも研究されたのであり、日本海上コンテナ協会が1968年に編纂した『コンテナリゼイション関係用語集』における概念提起が嚆矢だと考えられる。それによると、インランド・デポは、その機能から内陸港型と貨物集散所型の2つに分けられ、内陸港型は、港頭のコンテナ・ヤード（CY）の諸施設のうち港頭より分離可能な施設をまとめて港頭地区以外に設置したものをいい、港頭より機能的に直結可能であり、また、貨物集散所型は、コンテナ対象貨物をより能率的に輸送するため、港頭地区以外に設置されるコンテナ・フレート・ステーション（CFS）をいい、内陸港型、貨物集散所型ともに、最寄りのコンテナ港と短時間で結ばれ、「通関、コンテナ貨物の集配、引受け、引渡し、空コンテナの回収、一時保管、点検、修理、コンテナの詰込み、取出し、小口混載貨物の中継作業等が行なわれる」としている[4]。

　この概念規定では、内陸港型インランド・デポは、港頭のコンテナ・ヤード内にある諸施設のうち「分離可能な施設」をひとまとめにして港頭地域外に設置するところにその特徴があるとされる。では、コンテナ・ヤード内の「分離可能な施設」とは、一体、いかなるものが該当するのだろうか。

　日本海上コンテナ協会は、コンテナ・ヤードを「船会社によって指定された港頭地区の場所であって、船会社がコンテナを集積、保管、蔵置し、しかも実入りコンテナが受渡しされる場所」[5]と定義しているが、コンテナ・ヤードの諸施設に関しては、その具体的内容を明示していない。したがって、「港頭より分離可能な施設」なるものも不明のままで、文献上、判然としないのが実際のところである。

　インランド・デポに移設される機能に関して文献的証拠が見当たらない以上、当時の著者たちが、内陸港型インランド・デポに関してどのようなイメージを描いていたかは推測に頼るほかはない。コンテナ・ヤード内の施設には、上屋、管理棟、リーファ・コンセント、クレーン等の荷役機械、照明灯、フェンス、海上コンテナ用シャーシなどがあるが、上屋や管理棟は、インラ

ンド・デポにとって不可欠の施設である。しかし、これらの建築物は、解体したうえで運送しない限り、「分離」は不可能であり、港頭地区の建築物には手を加えずそのままにしておいて、新たな場所に新たな施設を建設するというのであれば、それは物理的な意味で、「分離」とは言い難い。「分離」をどう捉えるかによって、その施設内容は変わってくるが、クレーン以外他の施設は、大体において分離可能であろう。

　なお、「船会社によって指定された港頭地区の場所」という上記の規定に従えば、インランド・デポがコンテナ・ヤード機能を有するためには、船会社による指定がその前提条件となることを付言しておかなくてはならない。

　他方、貨物集散所型は、港頭以外の場所でコンテナ・フレート・ステーションとしての機能を果たす施設だとされるが、コンテナ・フレート・ステーションについては、明解な説明がなされている。すなわち、LCL貨物をコンテナ詰めおよびコンテナから取り出す作業を行う場所で、「輸出の場合には、CFSにLCL貨物を集積して、仕向地別に仕分けを行ったうえコンテナに詰め合わせる。また輸入の場合にはCFSで混載貨物をコンテナから取り出して、仕向地ごとに仕分けして荷受人に引き渡す作業が行われる」[6]と。要するに、貨物集散所型のインランド・デポは、個々の輸出用LCL貨物を混載貨物に仕立て、または輸入された混載貨物から個々の貨物を取り出すための港頭地区以外の場所ということになる。

　以上のようなインランド・デポ概念の特徴を一言で表すならば、それは港頭コンテナ・ターミナルを補完する点に主眼が置かれていることである。そして、この概念が最初に提起されたのは、もちろん、わが国において現実にインランド・デポが誕生する以前のことであった。したがって、草創期の著者たちは、インランド・デポの国内事例を参照したわけではなく[7]、海上コンテナの先進国であるアメリカの事例を参考にして、概念の構築を図ったと言われる。

　この点に関連して、榎本喜三郎は、1987年に発表した論文[8]において、草創期の著者たちがインランド・デポを、海上コンテナ輸送を行ううえで不可欠

第3章　インランド・デポ概念の変遷と今日的課題

の施設であると前提している点に触れ、インランド・デポに関して実際的検証を踏まえることなく、概念規定を行っているため、彼らの「頭の中で作られた概念であり、解説であるように思われる」として、その実証的脆弱性を指摘する。榎本によれば、アメリカと日本とでは、コンテナ化の過程に大きな差異があるという。すなわち、アメリカにおいては、マトソン社とシーランド社とによって、ほぼ同時期にコンテナ化が志向されて、ビジネス・チャンスを拡大していくための実践の過程であったのに対して、日本では、アメリカのような実践過程を経ずに、コンテナ輸送の理論的究明・検討が先行したという。その理論的究明・検討の成果を反映して、浜松内陸コンテナ基地は、名古屋港および清水港両港の機能を補完すべく建設されたものであり、いわばコンテナ輸送の揺籃期における試行錯誤の末の一現象と捉えるべきだとしている(9)。

　より重要なのは、1971年に浜松内陸コンテナ基地が建設されてから、榎本論文が上梓される87年までの16年間に、公共用インランド・デポの新規開設事例が一つも見られなかった点である。その最大の理由は、「浜松IDの建設を促し、それを今日まで有効に機能させているような客観的諸条件が備わった場所が、他には存在しなかった(10)」点に求められるという。つまり、浜松内陸コンテナ基地の建設は、同地区の特殊事情がなさしめたものであって、決して一般的な条件による産物ではないということである。また、榎本は、日本海上コンテナ協会から1978年に発行された『最新コンテナ総覧』——これは、1972年版の『コンテナリゼーション便覧』を増補・改訂したものである——においてインランド・デポに関する項目が削除されている点に着目して、わが国におけるコンテナ化の進展に伴って、インランド・デポの「必要性・有用性が薄れた」ための掲載打ち切りであると判断している。これらの事柄から、榎本は、インランド・デポなる概念はコンテナ化との関係において、もはや「死語となった」のではないかとまで論ずるのであった(11)。

53

2．インランド・デポの成長発展期

(1) 概念の変容

インランド・デポは、本当に死語となったのであろうか。大方の答えは、否であろう。なぜならば、公共的インランド・デポの機能を備えた宇都宮国際貨物ターミナル（UICT）が1990年9月に完成し、業務を開始したからである。この事実により、インランド・デポを死語扱いすることは困難となろう。

しかし、少し視点を変えてみる必要がある。すなわち、インランド・デポの概念に変化が生じており、その点を想起すべきだということである。浜松内陸コンテナ基地は、榎本の言うとおり、名古屋港および清水港の補完施設として、純粋に海上コンテナ輸送過程の一部を担うことに主眼が置かれていた。

ところが、北関東地方においてUICT設立後、1992年に設立されたつくば国際貨物ターミナル（TICT）、99年設立の太田国際貨物ターミナル（OICT）は、海上コンテナ輸送過程の一翼を担うこともさることながら、地域経済の活性化により軸足が移っていることに注意を要する。つまり、港頭地区の補完から地域振興へとインランド・デポの概念およびその役割において明白な変化が生じてきている。それゆえ、港頭地区の補完を主眼としたインランド・デポ概念は「死語となった」と捉えたとしても、それは、あながち間違いとは言い切れない側面を有している。

よく「社会を離れた個人はいない」[12]と言われるように、いかなる思想も学説も、それを提示した人物の生まれ育った社会と時代を反映するものである。インランド・デポ概念とてそれは同様で、草創期の著者たちは、わが国におけるコンテナ化導入期という時代背景のなかで、様々な状況や条件を斟酌して概念規定を行ったわけであるから、彼らの議論はまさに時代の産物であった。それが、時を経るに従い、新たな概念規定を必要とするようになるのもまた、当然のことである。

UICTをはじめとする北関東のインランド・デポが開設されたこの時期は、

第3章　インランド・デポ概念の変遷と今日的課題

もちろん初期の混乱期を脱しており、海上コンテナ輸送は着々と進展を遂げていた頃であった。浜松内陸コンテナ基地の誕生が「試行錯誤の末の一現象」であることは認めるにしても、それを北関東の事例にそのまま当てはめて言うことはできない。榎本は、「他に何らか特殊の事情が発生しない限り」、インランド・デポの新規開設は「あるまいと思われる」と述べたが[13]、北関東の事例は、特殊事情の発生という枠に収まりきらない、大きな時代のうねりを反映したものと捉えるのが妥当な解釈である。

（2）インランド・デポをめぐる新たな展開（1990年代以降）

　表3-1は、公共的インランド・デポの設立年と事業主体を表している。これを見ると、確かに浜松内陸コンテナ基地の設立から宇都宮国際貨物ターミナルのそれまで19年をも要しており、その間、インランド・デポは機能的にその役目を終了し、新規開設の必要性を喪失したと見なされても、致し方なかったかもしれない。

表3-1　公共的インランド・デポの設立年と事業主体（年代順）

名　称	設立年	事業主体
浜松内陸コンテナ基地	1971年6月	（財）静岡県コンテナ輸送振興協会
宇都宮国際貨物ターミナル（UICT）	1990年9月	宇都宮国際貨物流通事業協同組合
つくば国際貨物ターミナル（TICT）	1992年5月	第三セクター（茨城県21.3％、茨城県開発公社10.6％、つくば市7.1％の他全27機関が出資）
太田国際貨物ターミナル（OICT）	1999年5月	第三セクター（太田市25％、太田商工会議所7％、金融機関4％、その他法人64％）

出所　「特集　インランド・デポ　成長期を過ぎ安定期へ、課題も浮上―2年目で宇都宮に並ぶつくば―」『Cargo』海事プレス、1993年9月号、『浜松内陸コンテナ基地事業概要　平成20年』静岡県浜松内陸コンテナ基地、2009年2月、『つくば国際貨物ターミナル（株）（TICT）の概要』茨城県商工労働部、2008年5月、『株式会社太田国際貨物ターミナル会社案内』太田国際貨物ターミナル、2009年9月より作成。

1990年代以降のインランド・デポは、草創期における「海上貨物の内陸におけるコンテナ基地」という概念から、より広範に「物理的には輸出入貨物を蔵置できる保税上屋があって、機能的には貨物の通関ができる」施設という意味合いで捉えられるようになり、海上貨物のみならず航空貨物も主体的役割を演ずる点が考慮に入れられている。また当初は、「本来、インランド・デポと呼ばれる存在は同盟のCY、CFS指定を不可欠の条件」としていたが、もちろん90年代以降では、「不可欠の条件」ではなくなっており、概念上の開きが見られるのも、大きな特徴をなしている。以下では、90年代以降のインランド・デポをめぐる新たな展開を考察してみたい。

（a）宇都宮国際貨物ターミナル（UICT）

　UICTが設立される2年前の1988年7月、栃木県宇都宮市に所在する日本通運と日新の支店に保税上屋と通関業の営業許可がおり、両社は輸出に限定して貨物の取り扱いができるようになった。これが、宇都宮インランド・デポのスタートとされるが、このとき同時に、地元の輸送業者である久和物流も保税の許可を取得し、同社が中心となって地元の輸送業者8社でもって宇都宮国際貨物流通事業協同組合を結成して、90年9月にUICTは操業を開始するに至った。その規模は、「4万平方メートルの敷地に2階建て倉庫が3棟（延べ床面積3万1,333平方メートル）あり、2号棟（5,760平方メートル）が航空貨物用、3号棟（1万4,850平方メートル）が海上貨物用の保税上屋」であった。入居企業としては、開設当初から阪急交通社（現在、阪急阪神エクスプレス）が宇都宮出張所を設け、91年1月から通関営業所としての許可を取得して通関業務を開始し、その後、郵船航空サービス（現在、郵船ロジスティクス）、近鉄エクスプレスなどの入居が見られた。

　なお、大手荷主として当時から家電メーカーのシャープ（矢板市）、本田技研工業（真岡市）が名を連ね、周辺には他にも日産自動車栃木工場（河内郡上三川町）、パナソニック株式会社AVCネットワークス社宇都宮工場、キヤノン宇都宮事業所などが立地している。

第 3 章　インランド・デポ概念の変遷と今日的課題

（ b ）つくば国際貨物ターミナル株式会社（TICT）

　TICTは、1992年 5 月 7 日、商法に基づき、茨城県、茨城県開発公社、つくば市および民間企業の出資により、資本金6,000万円で、茨城県内における国際物流の効率化を促進する目的で設立された。同年 7 月に横浜税関つくば方面事務所が設置され、第三セクターの保税上屋運営会社として操業を開始し、当初は日本通運、近鉄エクスプレス、郵船航空サービスの 3 社が入居した。TICTはさらに、93年 7 月と96年12月に二度にわたり増資を行って、資本金は 2 億8,200万円となっている。なお、この間、横浜税関つくば方面事務所は、93年 7 月 1 日付で出張所に昇格している[20]。

　TICTの特徴として、周辺に日本コダック守谷物流センター（守谷市）、日本テキサスインスツルメンツ（稲敷郡美浦村）やインテル株式会社つくば本社（つくば市）など外資系企業が比較的多く立地している点、および成田空港に近接している点が挙げられる。それを反映して、2007年度の取扱件数実績は、輸出入計で航空が34,607件、海上が1,841件で、航空は海上の約19倍に達しており[21]、海上コンテナ輸送過程を補完するという草創期のインランド・デポ概念は、TICTにおいてはまったく妥当せず、新たなインランド・デポ概念が提起されたものと見なさなくてはならない。

（ c ）株式会社太田国際貨物ターミナル（OICT）

　OICTの立地する群馬県太田市は、従来から富士重工業の企業城下町としての色彩の濃い地方都市で、県の工業統計調査によると、同市の製造品目出荷額は、2005年が約 1 兆9,302億円（県全体の24.9パーセント）、06年が 1 兆9,576億円（同25.3パーセント）で県内随一、栃木県・茨城県を含めた北関東圏でも第 1 位の工業地を形成している[22]。太田市の立地企業のうち、多くは輸出依存型で、東南アジアや中国に海外直接投資を行っている企業も少なくない。そのため、通関手続きに要するリードタイムの短縮と物流コスト削減の見地から、太田市内に保税蔵置場を整備する必要性が叫ばれ、それが太田国際貨物ターミナルの設立に向かわせる原動力となった。

　太田市ならびにその周辺地域内を対象とした国際貿易に関する調査が1996

表3-2　太田国際貨物ターミナルの取扱実績（2006～09年度）

（単位：件、トン）

			2006年度	2007年度	2008年度	2009年度
件　数	航　空	輸　出	13,869	11,375	14,020	11,616
		輸　入	56	36	20	24
		輸出入計	13,925	11,411	14,040	11,640
	海　上	輸　出	3,466	3,450	4,249	3,824
		輸　入	3,937	4,071	3,726	3,118
		輸出入計	7,403	7,521	7,975	6,942
	合　計		21,328	18,932	22,015	18,582
重　量	航　空	輸　出	3,615	2,546	3,155	2,231
		輸　入	14	9	16	10
		輸出入計	3,629	2,555	3,171	2,241
	海　上	輸　出	48,172	51,495	75,178	58,217
		輸　入	152,528	167,481	157,498	129,383
		輸出入計	200,700	218,976	232,676	187,600
	合　計		204,329	221,531	235,847	189,841

出所　『株式会社太田国際貨物ターミナル会社案内（平成21年9月版）』より作成。

年に行われ、27,400件の通関実績と、そのうちの60パーセントの利用見込みがあることが判明したという[23]。それを受けて、税関官署の開設を希望する地元企業が結集して協議会を組織し、群馬県ならびに太田市に対し施設の建設を要望した。この要望に応え、かつ活動を支援するため、群馬県および太田市では土地と資金を提供して、2000年3月に第一倉庫（現在の第一保税蔵置場）が完成した。その前年の99年5月には、当該施設の管理主体として、太田市が25パーセント、太田商工会議所が7パーセントを出資する第三セクター法人、株式会社太田国際貨物ターミナルが設立された。さらに、02年4月には、東京税関前橋出張所太田派出所が開設されてインランド・デポとしての要件

第3章　インランド・デポ概念の変遷と今日的課題

を備えるとともに、その後、数度にわたる施設の整備、拡充が行われ、その取扱実績は、表3-2に示すとおりである。

3．AEO制度の導入とインランド・デポ

　インランド・デポは、従来から、輸出で成り立っている、とよく言われるが[24]、表3-2のOICTに関して取扱件数を見ると、航空と海上を合わせた実績は、2006年度輸出17,335件・輸入3,993件、07年度輸出14,825件・輸入4,107件、08年度輸出18,269件・輸入3,746件、09年度輸出15,440件・輸入3,142件で、輸出対輸入の件数比率は、ほぼ4対1くらいで推移していて、かなりの輸出超過であることが読み取れる。他方、07年度のデータだけだが、TICTについて見てみると、輸出20,553件・輸入15,895件となっており、比率は大体55対45くらいで、OICTほどではないが、やはり出超であることがわかる[25]。

　インランド・デポにおけるこの構成比は、日本の産業構造を反映したものである。すなわち、日本は従来から、資源および第一次産品輸入、加工品輸出という形態をとってきたが、それは天然資源小国の宿命で、今後とも変わることはない。北関東の公共的インランド・デポは、その設立の経緯を見ると、地元企業の強い要望が大きな要因となっている。それらの企業の業種は、大体が製造業であり、製造企業であれば、その製品および部品を国内販売するだけでなく、海外に輸出するのにより有利な施設としてインランド・デポの活用が認識された。地元企業の輸出拡大を通じて、地域経済の活性化を図るという選択がとられ、インランド・デポはその一翼を担おうとするものであった。それゆえ、インランド・デポが輸出で成り立っているというのは、当然のことであり、地元企業、特に製造企業は輸出志向であり、海外直接投資による現地生産も活発化して、現地向け部品供給も増加傾向にある。

　しかし、その輸出企業がAEO制度を利用することによって、インランド・デポを通さない、すなわち、インランド・デポを中抜きする事態が生じうる可能性が出てきている。AEOの原語であるauthorized economic operator

59

を字義どおりに訳せば、「認定された経済事業者」となるが、税関では、AEO制度を次のように説明している。

「国際貿易の安全確保と円滑化を両立させるため、貨物のセキュリティ管理と法令遵守の体制が整備された国際貿易に関連する事業者（輸出入者、倉庫業者、通関業者等）について、税関長が承認又は認定を行なうことにより、当該事業者に係る貨物の通関手続きの簡素化・迅速化を図る制度」であると。そして、これにかかわる事業者を「認定事業者」と称している。

わが国におけるAEO制度の本格導入は、2006年3月から実施された特定輸出申告制度に始まったが、その背景には、01年9月11日、アメリカで起きた同時多発テロがあった。この事件を契機に、主要国は、テロ対策の一環として、港湾、空港での安全管理を強化するようになったが（本書第7章）、管理の強化は、荷主の側にコストの増大を強いる結果となることから、貿易におけるセキュリティの確保と効率化は、元来、相反するニーズなのであるが、これを両立させるために、AEO制度が生まれた。すなわち、「認定事業者」には通関手続き上の様々な便益を与えて簡素化と迅速化を図り、他方、水際での管理強化はそのまま維持するという体制がとられた。

現行のAEO制度は、次のものからなっている。詳細は第7章において再論する。

- **特例輸入申告制度** 特例輸入者（authorized importer）と称される輸入者のAEO制度
- **特定輸出申告制度** 特定輸出者（authorized exporter）と称される輸出者のAEO制度
- **特定保税承認制度** 特定保税承認者（authorized warehouse operator）と称される倉庫業者のAEO制度
- **認定通関業者制度** 認定通関業者（authorized customs broker）と称される通関業者のAEO制度
- **特定保税運送制度** 特定保税運送者（authorized logistics operator）と称される運送者のAEO制度

第 3 章　インランド・デポ概念の変遷と今日的課題

・認定製造者制度　製造者のAEO制度

　上の制度を取得するにはいずれも、一定期間法令違反がないこと、業務遂行能力を有していること、法令遵守規則を定めていることなどを要件としている。

　このうち特定保税承認制度および認定製造者制度は、インランド・デポとの関連が特に深いと思われるので、その点を明らかにしてみたい。

　まず、特定保税承認制度であるが、これは、「あらかじめ税関長の承認を受けた保税蔵置場等の被許可者（特定保税承認者）については、税関長へ届け出ることにより保税蔵置場を設置することが可能となるほか、当該届出蔵置場にかかる許可手数料も免除される制度」で、「包括的な許可（更新）を受けられること、コンプライアンスを反映した検査を受けられること等、税関手続における利便性が向上する」メリットがあるとされる。

　前述したように、インランド・デポは1980年代後半には、もはや「死語になった」と認識されるようになり、その有用性に疑念が持たれた。これを今から見て、インランド・デポの第一の危機と捉えるならば、AEO制度が導入されてからは、第二の危機を迎えたと言ってよい。

　インランド・デポは「内陸通関施設」とか「内陸保税蔵置場」と呼ばれ、一般に、通関手続きの簡易で迅速な処理、商取引の円滑化および中継貿易の発展などのために、「民間企業等が開港から離れた内陸部に設けた通関物流基地で、輸出入貨物の通関機能と保税機能を併せ持つ」[28]施設と解されている。そして、インランド・デポの依って立つ法的根拠は関税法にあり、同法第30条では、「外国貨物は保税地域以外の場所に置くことはできない」と定められ、また、同法第67条第2項第1号においては、「輸出申告又は輸入申告は、その申告に係る貨物を保税地域又は……税関長が指定した場所に入れた後にするものとする」としている。つまり、貨物をいったん保税地域に入れてからでないと通関手続きができない制度になっていて、その保税地域の1つに保税蔵置場がある。内陸の物流基地に保税蔵置場が設置されて、その施設ははじめてインランド・デポとして「通関機能と保税機能」を有することになる。

保税蔵置場の設置は、税関長による許可制となっており、そこでの貨物の取り扱いには、きわめて厳格な管理・監督が求められているが、2007年10月１日より「特定保税承認制度」が導入されて、規制緩和が図られている。その結果、貨物をインランド・デポに入れることなく輸出申告を行い、輸出の許可を受けることができるようになった。そうなると、インランド・デポを通さない、いわゆる「中抜き」現象が、当然のことながら増大し、第二の危機と言われるゆえんもその点にある。

　次に認定製造者制度であるが、これは、製造業者を対象とした制度で、当該製造業者が直接輸出ではなく、商社経由の間接輸出をする場合を想定している。直接輸出であれば、自らが特定輸出者の承認を受けてAEO制度の恩恵を得られるのに対して、間接輸出の場合は、その恩恵に浴することができない点を配慮して創設されたものだという[29]。

　この制度を利用した輸出申告から船積みまでの流れは、次のようになる。①認定製造者が自社工場で商品生産する、②認定製造者がその商品を輸出者（商社）に引渡す、③認定製造者が貨物確認書を作成して、それを輸出者に交付する、④輸出者は、その貨物確認書に基づいて輸出申告書を作成し、税関に輸出申告を行う、⑤商品を保税地域（コンテナ・ヤード）に搬入して、輸出許可を受ける、⑥船積みを完了する。

　この一連の過程で、従来の一般的な手続きと異なる点は、④と⑤の間にある。従来だと、保税地域に搬入してから輸出申告を行い、審査および必要な検査を受けて、輸出許可がおりて船積みという段取りになるのだが、認定製造者制度のもとでは、保税地域に搬入する前に輸出申告を行い、税関の審査を受け、必要な検査を受ける場合は、保税地域への搬入途中で税関の指定した場所に持ち込んで検査を受けることができることになる。その結果、リードタイムの短縮とコストの削減が期待できるとされており、荷主の利用する保税地域に関して選択の幅は広がり、インランド・デポ利用が減少する可能性がここにもある。

第 3 章　インランド・デポ概念の変遷と今日的課題

おわりに

　草創期のインランド・デポは、港頭地区の補完機能に重点が置かれ、その意味で、インランド・デポは、港頭地区とは支配・従属的関係にあった。しかし、1990年代に入り新たに設立されたインランド・デポは、地元企業の貿易、特に輸出の拡大を通じて地域の振興を図ること、それが第一義的な目的となっている。さらに言えば、草創期と90年代との大きな違いは、前述のTICTの取扱実績を見てわかるとおり、航空貨物の発展度合いであり、その意味で、港頭地区の補完機能という側面は、大幅に減殺されてきている。

　他方、輸出志向のインランド・デポは、今後、どのような変貌を遂げるのであろうか。

　加工貿易型という日本の貿易構造が、短期的に急変するとは考えにくいが、日本の製造企業による海外現地生産は拡大し、グローバル化は着実に進行している。これとは逆に、外国企業による日本への進出事例も多くなっている。例えば、自動車金型のような、従来、日本の得意分野であった製造部門が外国企業に買収されて、産業そのものが地場から流出していく事態が生じている[30]。このような傾向は、いずれにしても輸出の相対的ウエイトを低下させ、地場の輸出企業によるインランド・デポ利用を減少せしめている。さらに、AEO時代を迎えてインランド・デポの将来性を不安視し、輸出に関する限り、インランド・デポはその使命を終えたとまで見る向きも、決して少なくない。また、昨今は、そのような風潮を反映してか、研究論文や雑誌記事においてインランド・デポを取り上げる事例が著しく減少し、関心の度合いが低いことを示している。

　では、インランド・デポの将来に光明を見出すことは、本当にできないのであろうか。決してそのようなことはないように思う。一つは、輸出から輸入にシフトしたインランド・デポの形態が考えられる。現に、例えば中国から海上輸送されたホームセンター向けの雑貨類などは、実入りコンテナのまま陸送されて、インランド・デポ通関がなされていると聞き及んでおり、そ

63

のような活用の仕方は十分に伸びる可能性はある。

　いま一つは、インコタームズ（Incoterms）である。2011年1月1日より発効したインコタームズ2010では、「物品が、本船の船上に置かれる前に運送人に引渡される」、つまり、コンテナ輸送される場合には、FOBに代えてFCAが、同様にCIFに代えてCIPが「使用されるべき」だとしている[31]。今日、日本の外貿定期船貨物の約95パーセントは、コンテナ貨物である[32]。しかし、CIFがトレード・タームズとしてこれまで最も多く利用されてきており、FOBがそれに次いでいる。インコタームズの助言に従えば、デポ・ツー・デポに基礎を置くFCAあるいはCIP条件に変えなくてはならない。このデポに国内の既存の公共用インランド・デポを利用して、海外のデポを結ぶトレード・タームズを使用してもらうべく荷主に働きかける、いわばデポ・セールスを地場企業に対して展開することによって、インランド・デポ利用の促進につなげる手立てが、ある程度、期待できるように思う。

注
- （1）中西龍雄（1990）「インランド・デポと税関行政」『季刊輸送展望』215号、日通総合研究所、130頁。
- （2）鈴木暁（1993.4）「国際物流とインランド・デポ」『海事産業研究所報』No.322、海事産業研究所、36頁。
- （3）わが国における海上コンテナ導入の経緯については、本書第2章「わが国における海上コンテナ導入期の再考」参照。
- （4）日本海上コンテナー協会編（1968）『コンテナリゼイション関係用語集』日本海上コンテナー協会、75頁。
- （5）TPFCJ（Trans Pacific Freight Conference of Japan）の定義。日本海上コンテナ協会編（1985）『総合コンテナ実務用語辞典』成山堂書店、118頁参照。
- （6）前掲書、117頁。
- （7）このことは逆に言うと、国内初のインランド・デポ事例である浜松内陸コンテナ基地が、草創期の著者たちの提起した概念に基づいて建設されたことを意味する。同基地は、それゆえ、清水港を補完する内陸港としての機能

第 3 章　インランド・デポ概念の変遷と今日的課題

を果たすという明確な役割を担って建設された。この点は、後年、建設された公共的インランド・デポと大きな相違をなしている。
（8）榎本喜三郎（1987.2）「コンテナ輸送におけるインランド・デポ（ID）—韓国での議論を前にして—」『海事産業研究所報』No.248、海事産業研究所。
　　なお、榎本が言及しているのは、コンテナリゼーション便覧編集委員会編（1972）『コンテナリゼーション便覧』日本海上コンテナ協会、1083頁に掲載されている「インランド・デポ」項目に対してである。この1972年版における記述と前掲『コンテナリゼイション関係用語集』のそれとの唯一の相違は、1972年版に「わが国では、昭和46年6月に静岡県の手によって完成した浜松内陸コンテナ基地（用地面積約33,000㎡）が、代表的な事例である」という一文が文末に追加された点のみである。
（9）榎本（1987.2）、13頁。
（10）榎本（1987.2）、13頁。
（11）榎本（1987.2）、14〜15頁。
（12）例えば、E．H．カー　清水幾太郎訳（1962）『歴史とは何か』岩波新書で、その本文中の随所にこの表現が用いられている。
（13）榎本（1987.2）、14頁。
（14）海事プレス（1991.3）「特集インランド・デポ　脚光浴びる〝内陸貿易港〟フォワーダーの開設相次ぐ」『Cargo』海事プレス、11〜12頁。
（15）コンテナエージ社（1986.10）「清水港と背後地の大手荷主、有数のコンテナ貨物発生地」『Container Age』コンテナエージ社、19頁。
（16）翌1989年7月には、横浜税関宇都宮出張所が設立され、それにより輸入通関も可能となった。海事プレス（1993.9）「特集インランド・デポ　成長期を過ぎ安定期へ　課題も浮上—2年目で宇都宮に並ぶつくば—」『Cargo』海事プレス、26頁参照。
（17）宇都宮国際貨物流通事業協同組合は1996年6月、加盟会社を16社に増やしている。海事プレス（1997.9）「特集インランド・デポ　輸出好調、宇都宮を除いて2ケタ増　太田の誘致運動、注目される国の対応」『Cargo』海事プレス、32頁参照。
（18）海事プレス（1991.3）、15頁。
（19）海事プレス（1993.9）、26頁。
（20）海事プレス（1993.9）、24頁およびつくば国際貨物ターミナル株式会社ホームページ　http://www.tkb-tict.co.jp（2010.11.17入手）。

(21) 茨城県商工労働部（2008.5）『つくば国際貨物ターミナル（株）(TICT）の概要』参照。
(22) 太田国際貨物ターミナル（2008.4）『株式会社太田国際貨物ターミナル会社案内』参照。
(23) 太田国際貨物ターミナル（2008.4）および太田市（1997.3）『政令派出所等開設基礎調査報告書（概要版）』参照。
(24) 例えば、海事プレス（1993.9）、22頁参照。
(25) 茨城県商工労働部（2008.5）参照。
(26) 税関（2010.2）「税関関係用語集」http://www.customs.go.jp/kyotsu/yogosyu.htm（2010.03.04入手）
(27) 郡山清武（2009.9）「我が国のAEO制度の現状等について」『貿易実務ダイジェスト』第49巻第9号、日本関税協会、3頁、および税関「AEO（Authorized Economic Operator）制度の拡充・改善」http://www.customs.go.jp/zeikan/seido/kaizen.htm（2010.11.17入手）
(28) 日本貿易振興機構（ジェトロ）「インランド・デポ（内陸保税蔵置場）のメリットについて」http://www.jetro.go.jp/world/japan/qa/export_10/04A-010721（2010.03.04入手）
(29) 郡山（2009.9）、5頁。
(30) 群馬県太田市に根拠地を置く金型メーカーのオギハラは、2009年3月、タイの自動車部品メーカーであるタイサミットと業務資本提携し、実質的には、サミットが筆頭株主になり経営権を掌握することが報じられた。オギハラは、自動車用プレス金型で世界最大手と評されていたが、とりわけ2008年9月のリーマン・ショック後の世界的な自動車販売不振により業績が悪化し、その建て直しのための業務資本提携であった。『日本経済新聞』2009年2月19日および5月29日付。
(31) 国際商業会議所日本委員会（2010）『インコタームズR2010』国際商業会議所日本委員会。

なお、旧版のインコタームズ2000以前には、「当事者が、本船の手すりを横切って物品を引渡す意図がない場合には」という、長年、親しまれてきた文言が使われていた。
(32) 2007年実績。日本の外貿定期船貨物量は2億6,807万トンで、うちコンテナ貨物量は2億5,196万トン、コンテナ化率は94.9パーセントに達している。国土交通省、統計情報、港湾関係情報・データ3「外貿定期船貨物量に占め

るコンテナ貨物量」http://www.mlit.go.jp/common/000025791.pdf（2010.03.07入手）

第4章　国際輸送における海運と空運の補完的結合関係について

はじめに

　今日、航空貨物輸送が最も進歩しているのはアメリカにおいてである。アメリカでは、航空貨物輸送が、軍事目的としてではなく、商業航空として本格的なスタートを切ったのは、第二次世界大戦末期の頃だと言われる。当時のアメリカ航空貨物市場には大量の参入者が現れ、しかし、これらの新規参入者のほとんどは零細な貨物専門航空会社（All Cargo Airline）であった。フライング・タイガー航空（Flying Tiger Line）もそのような零細企業の1つにすぎなかったが、やがてアメリカの航空貨物市場で最大のシェアを獲得するまでに成長し、新たな需要を掘り起こして、国内外にネットワークを拡大していった。

　一方、海運業界は、従来は海上輸送されていた高価値貨物を、フライング・タイガー航空に代表される貨物専門航空会社や、貨物と旅客の両方を輸送する通常の航空会社（いわゆるコンビネーション・キャリヤー）によって奪取されるのを目の当たりにしてきた。わが国においても状況は同様で、海運から航空への貨物のシフトは確実に進み、一部の品目、例えば衣料品、家庭用電気製品、光学機器、コンピュータなどの輸送に関して、海運と航空は競合的関係にあった。

　しかし、海運と航空は単に競合的関係にあるだけではない。補完的な関係もある。一見したところ、競合関係のみが目につきやすいが、特に国際輸送面では、シー・アンド・エア（sea and air）輸送の形態で、両者の補完関係が十分に発揮されている。そこで本章では前段において、シー・アンド・エア輸送の背景にある国際貨物輸送システムについて、荷主（製造企業）と輸送

企業の立場からその位置付けを行い、次いで輸送企業の類型化を試みた後に、後半部分で、わが国におけるシー・アンド・エア輸送の特徴ならびにフォワーダーの役割について考察することにしたい。

1. 国際輸送の成長と輸送システム

　国際貿易が行われるかぎり、そこに何らかの輸送システムが介在したのは、歴史の示すとおりである。輸送システムは時間的、空間的懸隔を埋め、地域的な特化や企業の最適化、市場の拡大をもたらし、効果的なシステムの存在が、多くの産業に大量生産、大量販売を可能にした[4]。鉄道の発展が、一部の港湾の重要性を低下させ、他の港湾の改良を促す一方で、長距離道路輸送の拡大が、鉄道ネットワークその他の変革をたらした。また、より高速の新型船や、より大型の航空機の開発によって、従来は不可能であった腐敗性食品や流行衣料品などの新しいタイプの商品も貿易できるようになった。輸送手段の技術進歩と輸送システムの形態変化は、貿易の量的拡大のみならず、質的な変化や地理的拡大にも多大な影響を及ぼしてきたし、今もそれは続いている。

　他方、国際輸送は、国際貿易の成長と製造企業のグローバル化により、その発展が促された。テクノロジーの進歩によって輸送企業の供給量が増大し、荷主の側においても、効果的な国際輸送システムに対する需要が高まった結果、輸送企業はその規模と活動範囲を拡大させ、多くがグローバル化を果たしている。

　製造企業と輸送企業は、本質的に相互依存関係にある。つまり、製造企業の変化が輸送企業に影響を及ぼし、輸送企業の発展が製造企業の拡大に寄与している。両者は輸送システムを通じて連携関係を有するが、輸送システムに関して、製造企業、すなわち荷主と輸送企業はまったく立場、見解を異にする。したがって、輸送システムを論じる際には、荷主と輸送企業のいずれの観点からかを明示しておく必要がある。

第4章　国際輸送における海運と空運の補完的結合関係について

　荷主側の立場を明示する議論として、アメリカのロジスティクス管理委員会の定義がある。それによると、ロジスティクスとは「顧客の要求に一致することを目的として、原産の地点から消費の地点に至るまでの原料、製造過程の在庫品、最終商品および関連の情報の効率的、コスト効果的な流れと貯蔵を計画し、履行し、統御する過程」と定義さる。この定義から、ロジスティクスは、製造企業がその調達物流、生産物流、販売物流を個々に分断することなく、効率的、計画的に運営する過程であり、その視点は製造企業に置かれているのがわかる。

　荷主側の立場から見れば、輸送企業は流通チャネル上の促進媒介である。流通チャネルは、消費用に提供される財あるいはサービスの生産過程における交換システムであり、いくつかの独立した組織が組み合わされて構成される組織間システムである。これらの独立組織は、製造企業の流通チャネルにおいて、4つの基本的な効用、すなわち形態的、時間的、場所的、所有的効用の実現を図ることを第一義的な機能としている。輸送企業はこのうち、時間的および場所的効用を、輸送システムを通じて実現するが、輸送システム自体は、製造企業にとって、基本的に流通チャネル上の一方から他方に生産物を移動させるための一方向のシステムであり、輸送企業は、そのシステムを構成する一組織に過ぎないものである。

　一方、輸送企業の立場に目を転ずると、議論はまったく異なった様相を呈する。第一に、輸送企業にとって、輸送システムは一方向ではなく、双方向のシステムであり、場合によっては、三角形の形態をとることもある。第二に、輸送企業の提供する機能は、大体が標準化されており、したがって様々な荷主がそれを利用しうる。輸送企業は、荷主の愛顧を獲得するために、輸送資源の質的な良否、代替的な組み合わせ、時間的および場所的利用可能性といった問題に最大の関心を払わねばならず、それが輸送企業の競争力を左右する大きな要因となっている。

　輸送システムは、輸送企業から見て、流通チャネル上の2当事者間の関係として捉えられるのではなく、一定の場所で、一定の期間にわたって利用可

71

能となる輸送資源の特定の組み合わせであり、有効な方法で組織されなくてはならない種類ものである。システム全体は、通常、1社（あるいは2、3社）の輸送企業によって管理され、当該システムの限られた部分は、傘下の下請企業が管理する場合が多い。システム全体を管理する輸送企業は、サービスの販売も手がけ、各輸送手段によるサービスは個別のサービスとして販売される。荷主はそれらのサービスを購入し、既存の輸送システムおよびネットワークを有効に利用することによって、輸送効率を向上させて、コストの削減を図ろうとする。

　輸送効率に関連して、近年は、ロジスティクス・コストの削減が企業利益の鍵を握るとしばしば言われる。ロジスティクス・コストを抑え、競合他社との競争において優位性を勝ち取ることが、企業戦略として重要な地位を占めるようになったからである。ロジスティクス・コストには、倉庫、在庫、荷役、情報システム、輸送などのコストが含まれるが、製造企業は合理化の一環として、自社のロジスティクス部門の一部を切り離して、その職務を輸送企業に委託する傾向が増大している。そのため輸送企業は、輸送サービスの他に、倉庫・保管サービス、荷役サービス、貨物追跡サービスを含む情報サービスなど様々なサービスを提供するようになり、荷主の多様なニーズに応えられるだけの態勢を整えている。そのような対応力を保持していなければ、輸送企業としての発展は望めず、サービスの多様化は、いっそう進行する情勢にある。

2．輸送企業の類型

　このように輸送企業のサービスは、今日、多岐にわたるため、定義を下すのは難しいが、機能面に着目して、「輸送企業とは、一つないし複数の輸送システム、あるいはその一部を組織し管理する主体である[9]」と言われる。前述したように、輸送システムは、そのシステム内で様々な機能を果たす複数の相互依存関係にある輸送企業によって構成され、多くの場合、各輸送企業

第4章　国際輸送における海運と空運の補完的結合関係について

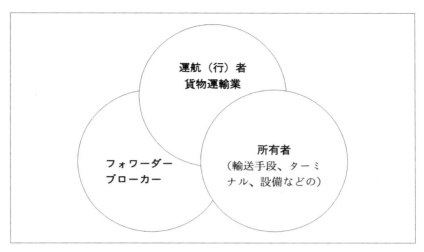

図4-1　輸送企業の3つの基本カテゴリー

出所　Hertz［3］. p.28.

はそれぞれの機能に特化している。従来のカテゴリーでは、国際輸送システムに関係する企業は、図4-1のように分類された。

　この3つのカテゴリーは、既存の輸送企業をすべて網羅しているが、上記の規定に従えば、輸送企業と呼ぶことの難しい企業も包含されている。そのような非輸送企業としては、運航（行）自体よりももっぱら財務的側面にその関心が限られている船舶所有者とか、輸送設備リース会社や倉庫専門会社などの支援部門の企業が該当する。これらの企業は、輸送システムの一部を間接的に構成するが、当該システムのいかなる部分も組織ないしは管理しない。以前には、運航（行）者（オペレーター）と、輸送手段やターミナルの所有者とは未分化で、運航（行）者即所有者と見なされた。このことは、船会社や航空会社は、船舶や航空機を所有しなければ、運航者たりえないことを意味する。しかし、これは今日、事実に反する。船舶や航空機を所有しなくても、リースによって調達し、運航することは可能であるし、既存の航空会社や船会社が、すべて自前の輸送手段で運航しているわけではない。同様に、

73

従来のフォワーダー（あるいはブローカー）も、かつては施設、設備などを所有していなかったが、現在においては、フォワーダーがターミナルの所有者となっている例は多い。

　従来からの固定観念、すなわち運航（行）者は輸送手段を所有していなければならないとか、輸送手段や施設を所有していない運送業者がフォワーダーであるといった考え方は、今や変わりつつある。これら3つのカテゴリーを混合したような新しいタイプの企業が出現しており、むしろ今日的な輸送企業は、均等にではないにしても、フォワーダー、運航（行）者、輸送手段の所有者としての性格を併せ持ちながら成長してきている。

　また近年、輸送テクノロジーが進歩する一方で、運送貨物が小型化し、より効率的な貨物流通を創出するために速度、定時性および頻度に対する要求が増大している。そのことから、まったく新しいタイプのサービスが生まれ、それを踏まえた上で輸送企業を再分類すると、図4-2のようになる。

　高度に統合された企業というのは、時間主義輸送（time-based transport）と呼ぶ方が適切であるかもしれないが、ジャスト・イン・タイム需要に適応した時間保証付きの、標準化された輸送を行う企業である。特別輸送（special transport）は、例えば、吊したままの衣服とか、バラ荷、家具などの輸送に利用される新しい輸送テクノロジーの開発に由来して発展したサービスで、特定の顧客ニーズに適応する能力は高いが、不特定多数の一般顧客のニーズに応える能力は低い。時間主義輸送と特別輸送の両者は、追加的なサービスであって、一般輸送（general transport）を犠牲にして、つまり一般輸送からのシフトによって成り立っている。またカスタム・メイドのロジスティクス輸送（customized logistical transport）は、もっぱら特定の顧客のために設計され、輸送サービスとロジスティクス・サービスを組み合わせたものである。時間主義輸送、特別輸送およびカスタム・メイドのロジスティクス輸送は、従来には見られない新しいタイプの輸送サービスであって、単一の輸送手段に必ずしもリンクせず、ケース・バイ・ケースで最善の輸送手段の組合せが選択される。シー・アンド・エア輸送も、その一例と言える。

第4章　国際輸送における海運と空運の補完的結合関係について

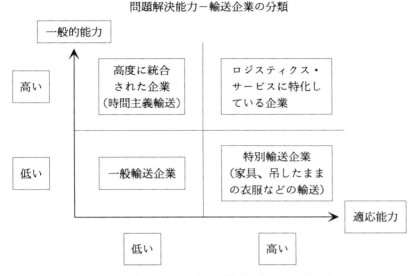

図4-2　新しいサービスと輸送企業の現代的分類
出所　Hertz［3］. p.31.

3．わが国におけるシー・アンド・エア輸送の発展

　表4-1は、横浜を出発地としフランクフルトを最終仕向地とする事例を取り上げて、シー・アンド・エアの輸送経路、所要日数、運賃を示すとともに、代表的なAll Air（航空輸送のみ）およびAll Sea（海上輸送のみ）との対比を試みている。この表からわかるとおり、シー・アンド・エア輸送は、第一に、All Seaに比べて所要日数が短く、日本発ヨーロッパ向けの場合、北米経由ルートで約2分の1から3分の1、東南アジア経由ルートで約3分の1あるいはそれ以下の輸送日数しか要せず、迅速性のメリットがある。第二に、All Airに比べて運賃がきわめて低廉で、北米経由、東南アジア経由の両ルートとも約2分の1から3分の1の運賃という経済性のメリットがある。他にも、最終仕向地であるアメリカおよびヨーロッパの内陸地では、貨物は航

表4-1　輸送経路、所要日数、運賃の対比

輸送経路（ルート）	所要日数	運賃 米ドル/TEU
①横浜 —海上→ シアトル —航空→ フランクフルト	13	14,680
②横浜 —海上→ シアトル —鉄道→ トロント —航空→ フランクフルト	17	19,290
③横浜 —海上→ 香港 —航空→ フランクフルト	10	20,550
④横浜 —海上→ シンガポール —航空→ フランクフルト	13	18,870
⑤横浜 —海上→ ボストチヌイ —トラック→ ウラジオストック —航空→ モスクワ —航空→ フランクフルト	13	16,780
All Air（直行便）　横浜 —トラック→ 成田 —航空→ フランクフルト	2	37,700
All Sea（同盟船）　横浜 —海上→ ハンブルク —トラック→ フランクフルト	35	4,000

注　運賃の対象品目はテレビを例にとっている。
出所　柴田［12］、68頁より作成。

空貨物として処理されるため、海上輸送に比べて通関手続きが迅速に行なわれ、荷主（荷受人）への配送が時間的に短縮できるとか、商品需要に応じて各輸送手段の組合せを変えて輸送日数を調整できるなど、荷主は在庫調整がしやすく、在庫コストの節約ができる点がメリットとして挙げられる。そして、その発展の経緯は、次の4段階に分けられる。[10]

揺籃期（1960年代前半）

　シー・アンド・エア輸送が始まったのは1962年頃からで[11]、当時、アメリカ

76

第4章　国際輸送における海運と空運の補完的結合関係について

ン航空（American Airlines）、ユナイテッド航空（United Airlines）、フライング・タイガー航空が、日本からアメリカ東岸および中西部向けの貨物をアメリカ西岸まで海上輸送し、そこから仕向地空港まで自社の保有機で航空輸送した。その後、ヨーロッパの航空会社も、スカンジナビア航空（Scandinavian Airlines System, SAS）、KLMオランダ航空（KLM Royal Dutch Airlines）、エール・フランス（Air France）などが、太平洋上の海上貨物をアメリカ西岸経由でヨーロッパ向けに航空輸送するサービスを開始した。しかし、この時期はまだ揺籃期で、利用は一部の荷主に限られ、当然、輸送実績は有意な数値に達していなかった。

参入期（1960年代後半）

上記のヨーロッパ系航空会社の下請企業に過ぎなかったエア・カナダ（Air Canada）が、1968年に、自社の保有機で日欧間のシー・アンド・エア・サービスを手がけるようになると、これを契機に、日本に就航しているほとんどの欧米航空会社が本格的にシー・アンド・エア輸送に乗り出し、アエロフロート（Aeroflot）も、ナホトカ経由のヨーロッパ向けサービスを開始した。

定着期（1970年代）

1970年代は、外航コンテナ船輸送が本格化した時期である。シー・アンド・エア輸送が定着するには、その背景に、コンテナ化の進展があった。というのは、貨物を大型のコンテナに詰めてドア・ツー・ドアの輸送を行う新技術は、船積みに際してそれまで著しく手間のかかった雑貨貨物の荷役を効率化し、船積み・船卸しと積み替えに要する時間が短縮化されて、迅速性のメリットが十分発揮されるようになったからである。他方、各船会社はシー・アンド・エア貨物に適用される低廉な特別運賃率を提供し、また航空運賃もローカル運賃率よりも低いシー・アンド・エア用の運賃率が適用されて、経済性のメリットが一層顕著になった。それが荷主に評価されて、シー・アンド・エア輸送は定着を見るに至った。

発展期（1980年代以降）

1982年、オランダのマーチン・エア（Martin Air）が、フレイター（貨物専

表4-2　シー・アンド・エア経由地（積替地）別輸送実績（1991年）

（単位：重量　キログラム）

仕向地帯		シー・アンド・エア積替地					合計
		北米経由	中米経由	極東経由	東南アジア経由	その他経由	
北　米	件数	4,072	—	28	—	—	4,100
	重量	5,808,667	—	23,688	—	—	5,832,355
中南米	件数	8,157	5	—	—	—	8,162
	重量	11,138,992	20,816	—	—	—	11,159,808
ヨーロッパ	件数	30,920	—	170	269	4	31,363
	重量	37,529,610	—	434,208	400,834	2,975	38,367,627
中近東	件数	284	—	—	93	2	379
	重量	174,719	—	—	45,562	157	220,438
アフリカ	件数	150	—	—	272	—	422
	重量	203,673	—	—	559,874	—	763,547
その他	件数	5	—	1	1,773	1	1,780
	重量	1,155	—	180	1,509,385	100	1,510,820
合　計	件数	43,588	5	199	2,407	7	46,206
	重量	54,856,816	20,816	458,076	2,515,655	3,232	57,854,595

出所　運輸省[8]　36〜37頁。

用機）による香港経由ヨーロッパ向けのシー・アンド・エア・サービスを開発し、日本での販売を航空フォワーダーに委託して以来、フォワーダーの参入が活発化した。当初、航空会社は荷主と直接に貨物室スペースの販売契約を結んでいたが、需要の増大、路線の多様化、仕向地の拡大などにより、荷主と直接交渉をするよりも、フォワーダーに委託した方が効果的であることが判明した。以後、フォワーダー自らが、その豊富な集貨力を生かしてシー・アンド・エア輸送の主宰者となり、独自のネットワークを形成するとともに、多様なサービスを提供し、また集貨力の乏しいフォワーダーの場合は、スペース・ブローカーと呼ばれる仲介者が介在して、当該フォワーダーにスペースを卸売りした。

　日本発のシー・アンド・エア輸送実績は、表4-2および表4-3に示すと

第4章　国際輸送における海運と空運の補完的結合関係について

表4-3　シー・アンド・エア輸送実績の推移（1987〜92年）

（単位：トン、％）

年 仕向地	1987年 輸送量	構成比	1988年 輸送量	構成比	1989年 輸送量	構成比
ヨーロッパ	35,634	77.5	50,041 (140.4)	78.2	46,607 (93.1)	75.4
北　米	2,971	6.5	3,487 (117.4)	5.4	3,899 (111.8)	6.3
中南米	6,228	13.5	8,570 (137.6)	13.4	8,773 (102.4)	14.2
中近東	328	0.7	855 (260.7)	1.3	411 (48.1)	0.7
アフリカ	294	0.6	271 (93.1)	0.4	227 (83.6)	0.4
その他	520	1.1	796 (153.1)	1.2	1,884 (236.7)	3.0
合　計	45,975	100.0	64,019 (139.2)	100.0	61,800 (96.5)	100.0

年 仕向地	1990年 輸送量	構成比	1991年 輸送量	構成比	1992年 輸送量	構成比
ヨーロッパ	55,630 (119.4)	77.8	38,368 (69.0)	66.3	31,633 (82.4)	67.0
北　米	4,825 (123.7)	6.8	5,832 (120.9)	10.1	4,960 (85.0)	10.5
中南米	8,004 (91.2)	11.2	11,160 (139.4)	19.3	8,797 (78.8)	18.6
中近東	543 (132.1)	0.8	220 (40.5)	0.4	155 (70.5)	0.3
アフリカ	347 (152.9)	0.5	764 (220.2)	1.3	271 (35.5)	0.6
その他	2,085 (110.7)	2.9	1,511 (72.5)	2.6	1,369 (90.6)	3.0
合　計	71,434 (115.6)	100.0	57,855 (81.0)	100.0	47,184 (81.6)	100.0

注　複合貨物流通課調べによる。数値は、航空貨物輸送事業者51社の合計値。カッコ内の数値は対前年比（％）を示す。
出所　運輸省［8］、34〜35頁および運輸省［9］、65頁より作成。

おりである。1991年の重量実績で、経由別に見ると、北米経由ヨーロッパ向けが最も多く、全体の64.9パーセントを占めており、次いで北米経由中南米向けが19.3パーセント、北米経由北米向けが10.0パーセントと、北米に経由地が集中している。北米以外には、近年、東南アジア経由その他地域向け輸送が伸びており、その輸送経路としては、タイのバンコクまで海上輸送してインドへ空輸するルート、香港を中継地としてオーストラリアに空輸するルートがある。

　輸送実績の推移について見ると、1987年から90年までは、89年の実績が前年よりも多少下回るものの、順調に伸びてきたといえる。しかし91年は大幅に落ち込み、57,855トンと、前年に比べて19パーセント減であり、88年の水準にも達しなかった。ヨーロッパ向け輸送が38,368トンに減少し（前年比31パーセント減）、それが全般的な下降をもたらす結果となった。同期間の海運および航空の輸出量実績を見ると、海運が7,073万トンから7,800万トンと10.3パーセント増加しているのに対して、航空は73万トンから69万トンに6.1パーセント減少している。(12)これだけではデータ不足で明言できないが、輸出量そのものが増加していることと、航空輸出量が減少していることの2点を考え合わせると、シー・アンド・エア貨物の一部が海上輸送にシフトしたとも推測できよう。ただし個々の仕向地では、北米向けが20.9パーセント増、中南米向けが39.4パーセント増となっており、さらに、構成比そのものは低いがアフリカ向けは倍以上の実績をあげている。しかし92年には、さらに落ち込み（前年比18.4パーセント減）、合計で87年の水準をかろうじて超えているものの、どの仕向地向けも軒並み前年の実績を割り込んでいる。その原因は、わが国の景気後退が顕著となり、それが輸送実績に反映されたものと考えられる。

　シー・アンド・エア輸送では部品類、特にコンピュータ部品、自動車部品、音響・テレビ部品などが主要な品目と言われる。(13)これは、わが国の製造企業が、海外に進出した先の現地組立工場に部品を供給する目的でシー・アンド・エア輸送を利用する場合が多いことを示すものであろう。部品類以外には、

80

第4章　国際輸送における海運と空運の補完的結合関係について

電気製品、事務用機器、医療機器、集積回路、カタログ、フィルムなどが主要品目を構成するが、ただし、個々の数量および金額については、貿易統計、運輸統計上に表れていないため、確認するのは困難となっている。

4．シー・アンド・エア輸送とフォワーダー

　航空貨物輸送とコンテナ船輸送は、「基本的にはいずれも広い範囲の相互補完的な活動領域をもち、この補完的業務がどの程度の代替性をおびるかどうかは、航空主力貨物の景気動向によって支配される[14]」と言われ、両者には補完関係があることが実証されている。シー・アンド・エア輸送は、この海運と空運の補完関係を生かした国際複合一貫輸送の一形態であり、フォワーダーがこれにどうかかわっているのかを以下に考察し、本章のまとめとしたい。

　国際複合輸送は「複合運送人が物品をその管轄下に置いた一国の場所から、荷渡のために指定された他国のある場所までの、少なくとも、二つの異なった運送方法による物品の運送[15]」をいい、それが一貫輸送であるためには、さらに通し運賃（Through Rate）、通し運送状（Through Bill of Lading）、通し運送責任（Single Carrier's Liability）の3条件が必須となる。

　このうち通し運送責任に関して、航空会社や船会社などの実運送人（キャリヤー）とフォワーダーとでは、その引受け能力に大きな開きがある。航空会社は、ワルソー条約（Convention for the Unification of Certain Rules Relating to International Carriage by Air）において、基本的に「空港から空港まで」（airport to airport）の輸送に限定されており、出発地空港までの陸上輸送の部分と、到着地空港以遠のそれはできないのが原則となっている。したがって、荷主にドア・ツー・ドア・サービスを提供するには、下請運送企業（代理店も含まれる）に依存しなくてはならず、その意味で、複合一貫運送人として十分な資格を有しているとは言いがたい。

　他方、船会社も同様で、陸上での接続輸送は、鉄道会社またはトラック会社

に頼らなくてはならず、船会社の運送責任についてはヘーグ・ルール（Hague Rules）で、鉄道会社のそれは国際鉄道物品運送条約（Convention International Continental Transport des Marchandises par Chemin, CIM）によって、またトラック会社は国際道路物品運送条約（Convention Relative au Contrat de Transport Internatinal de Marchandises par Route, CMR）によって、それぞれ規定されている。そのため船会社も、国際規約上、陸上輸送の部分に関して一貫した責任を負うことが困難となっている。[16]

　それに引替え、フォワーダーは、航空会社や船会社に対しては利用運送人として荷主の立場で契約し、荷主に対しては運送人として貨物の委託を受けるので、通し運送責任の引受けが可能で、かつ通し運賃を設定し、通し運送状を発行することができる。国際複合一貫運送人として、フォワーダーがキャリヤーよりも勝っているのは、この点にある。

　しかし、わが国においてフォワーダーは、一貫運送責任を負う運送人としての歴史がまだ浅く、新規参入者のなかには必ずしも信用が十分でない事業者がいたり、また様々な事業者によって様々な事業が展開されていることから、責任の引受け程度に違いが見られたりした。そのため、荷主の側に無用な混乱をもたらす結果をも招いている。フォワーダー業界全体も、この点については十分に認識しており、改善に努めているようだが[17]、ともかく、ますます多様化する荷主ニーズに対応できるのはフォワーダーであり、それも旧来のフォワーダーではなく、前述したような新しいタイプの輸送企業としてのフォワーダーが、時代の要請となっている。

注
（1）Carron［1］および山上［13］、第5章「アメリカ航空貨物業界と規制緩和」参照。
（2）フライング・タイガー航空は、しかしながら、1988年12月に、航空小口宅配会社であるフェデラル・エクスプレスに買収され、89年8月7日から、フェデラル・エクスプレスの100％子会社となった。
（3）O'Connor［4］. 山上訳、147頁。

第4章　国際輸送における海運と空運の補完的結合関係について

（4）例えばアルフレッド・チャンドラー（Chandler, A. D.）は、「……（19世紀後半の）新しい形態の輸送・通信によって、近代的な大量販売と大量生産が勃興した」と指摘する。Chandler［2］．阿部他訳、2頁。
（5）ロジスティクスに関して、現在、国際的に確立した定義が存在するわけではないが、アメリカ・ロジスティクス委員会の定義は、ロジスティクスあるいは物流を最も端的に言い表しているとして、わが国の関連の文献においてしばしば引用されている。例えば、宮本［10］、20頁参照。ただし、引用文は筆者の訳出による。
（6）輸送企業は、時間的および場所的効用を創出するにとどまらない。輸送企業によって倉庫、包装、仕分けなどの補完的なサービスが提供される場合には、輸送企業が形態的効用の一部をも遂行することになり、これらの業務を通じて、また、情報システムを用いて直接製造企業と連絡を保つことによって、卸売業者の機能さえ果たしうる。
（7）輸送企業は仕向地に貨物を輸送した後、帰り荷があろうとなかろうと、その輸送手段は必ず出発地に戻ってこなければならないので、システムは必然的に双方向となる。また仕向地に帰り荷がない場合、他の地点まで貨物を求めて、そこで貨物を積み込み出発地まで戻ってくれば、三角形のシステムとなる。
（8）船舶、航空機、車両などの輸送手段、港湾、空港、ターミナルなどの施設、およびクレーンその他の荷役機械などの設備を指す。
（9）Hertz［3］．p.28. なお、本節の「輸送企業の類型」に関する議論は、Hertzの見解に負うところが大きい。
（10）市来［5］、29頁。
（11）わが国においてシー・アンド・エア輸送が開始された正確な時期は定かではないが、そもそものきっかけは、柴田悦子によると、ある商社が海外の顧客に対して、契約納期に間に合いそうにない事態に遭遇し、その遅れを取り戻すために、海上輸送の途中から航空輸送に切り替えて契約期間に間に合わせたのが始まりだとされている。柴田［12］、78頁。
（12）運輸省［8］、19頁。
（13）柴田［12］、73頁。
（14）宮下［11］、115～116頁。海運と航空の補完関係については、この他に中西［7］、249頁参照。
（15）1980年8月、国連貿易開発会議で採択された国連国際物品複合運送条約

第1条に規定されている定義。港湾労働経済研究所［6］、2頁参照。
(16) 柴田［12］、70頁。
(17) 運輸省総［9］、65頁参照。

〈参考文献〉
［1］ Carron, A. S. (1981). *Transition to a Free Market: Deregulation of the Air Cargo Industry*. Washington D.C.: Brookings Institution.
［2］ Chandler, A. D. (1990). *Scale and Scope: Dynamics of Industrial Capitalism*. Cambridge, Mass: Harvard University Press. 阿部悦生・川辺信雄・工藤章・西牟田祐二・日高千景・山口一臣訳（1993）『スケール・アンド・スコープ―経営力発展の国際比較』有斐閣
［3］ Hertz, S. (1993). *The International Processes of Freight Transport Companies: Towards a Dynamic Network Model of Internationalization*. Stockholm: The Economic Research Institute, Stockholm School of Economics.
［4］ O'Connor, W. E. (1985). *An Introduction to Airline Economics*. Westport, Conn: Preager Publishers. 山上徹監訳（1987）『現代航空経済概論（改訂版）』成山堂書店
［5］ 市来清也（1991）『国際複合一貫輸送概論』成山堂書店
［6］ 港湾労働経済研究所編（1980）『最新国際複合輸送の話（港運新書シリーズ）』港湾労働経済研究所
［7］ 中西健一編（1982）『現代の交通問題―交通政策と交通産業』ミネルヴァ書房
［8］ 運輸省大臣官房総務審議官編（1993）『数字で見る物流（1993年版）』運輸経済研究センター
［9］ 運輸省総務審議官編（1994）『1994日本物流年鑑』ぎょうせい
［10］ 宮本光男（1989）「国際運輸業界の国際物流への対応」『海運経済研究』第23号
［11］ 宮下国生（1985）「国際物流の航空化と海運」『国民経済雑誌』第152巻4号
［12］ 柴田悦子編（1991）『国際物流の経済学』成山堂書店
［13］ 山上徹編（1988）『国際物流概論』白桃書房

第5章 アメリカ航空貨物業界と
　　　　規制緩和

1．規制緩和論の台頭

　アメリカで「規制緩和」(deregulation) が特に強調されるようになったのは、レーガン (Reagan, Ronald W.) が政権を取ってからのことである。レーガンは1981年1月、大統領に就任すると、ただちに「新しいアメリカの出発」と題する経済再建計画を発表した。レーガノミックス (Reaganomics) と呼ばれたその政策は、福祉予算を中心とした歳出の削減、個人所得税および法人税の大幅な税率の引下げ、インフレーション抑制のための安定的な金融政策、政府規制の可能なかぎりの緩和の4項目を基本的内容としていた。規制緩和はこの線に沿って、運輸事業、通信・放送事業、石油・天然ガス事業、金融部門などで強力に推し進められていった。
　このような規制緩和の波は、アメリカにとどまらず、わが国にも押し寄せてきた。1985 (昭和60) 年4月の電気通信事業法改正に伴い、電電公社が日本電信電話株式会社 (NTT) と株式会社化され、競争原理の導入によって民間の電気通信事業が認められるようになった。87年4月には国鉄が民間JRグループへ移行し、民営化とともに国鉄法という規制が解かれて、新規事業への道が開かれた。また同年9月、日本航空 (JAL) を完全民営化するための「日航法廃止法案」が公布された。これによって、航空業界にもよりいっそうの競争が導入される見通しとなった。
　このように規制緩和はアメリカでも、またわが国でも（他の西欧諸国も同様）、時代の趨勢になってきている。しかし、規制緩和が完全に実施されている部門は意外と少なく、規制緩和の先進国であるアメリカでさえ、それはわずかな数でしかない。したがって、規制緩和は新しい、未経験な部分を多分に含

んでおり、規制緩和がいかにして望ましい目標に達するかという点に関する理論的基盤もなお弱いと言わざるをえない。そのようななかで、アメリカ航空貨物業界は、すべての経済規制が廃止された数少ない部門の一つである。それゆえ、アメリカ航空貨物業界が規制から規制緩和へと移行していった経緯を概観することによって、わが国でも議論の的になっている諸規制緩和問題について、教訓なり示唆が得られるように思う。

以下では、アメリカ航空貨物業界が規制緩和によってどのように変化していったか、その変化の方向をおおまかながら読み取り、わが国の規制緩和問題を考えるうえでの一助としたい[4]。

2．規制緩和の経緯

アメリカにおいて航空貨物業界が近代的産業としてスタートしたのは、当時、まだ軍によって優先的に配備されていた新造機材が、民間航空会社にも入手可能になった第二次世界大戦末期のころである。1944年から47年にかけて、安価な余剰機材が、規制なしに購入できたので、航空貨物業界には大量の参入があった。しかし、これらの新規参入者のほとんどは、未知の収益潜在力（revenue potential）を有する未開拓市場の需要を満たそうとした、零細な貨物専門航空会社（all-cargo airlines）であった。輸送力（capacity）は明らかに過剰状態となり、多くの運送事業者が多額の損失を生じ、破産した。そしてそれと同時に、安全性も悪化するにいたった。

このような状況のなかで、アメリカ民間航空委員会（Civil Aeronautics Board, CAB）は、1947年、旅客サービスに適用される諸管理と並行して、貨物を輸送するすべての航空会社の路線および運賃の柔軟性（flexibility）について制限を加え始めた。貨物サービスに対する運賃水準と運賃構造とを設定し、路線を割り当てて直接的に航空貨物業界に介入し、間接的には、旅客航空輸送に対する価格と参入を規制して、コンビネーション機（combination aircraft）[5]の下部貨物室内で運送される輸送力コストに影響を及ぼした。

第 5 章　アメリカ航空貨物業界と規制緩和

　CABは貨客ともに料金平均化（rate averaging）を設定していたが、貨物料金平均化は、もっぱら積送品の大きさと距離に基づき全国標準となっていた。この運賃はサービスを促進するために割り引かれることも、あるいは危険品（hazardous goods）や破損しやすい品目（fragile goods）に対しては引き上げられることもあった。参入規制を所与とすれば、標準運賃の意味するところは、市場間のコスト格差が運送事業者間の収益格差、ないしサービス格差に置き換えられることであった。効率的機材と高いロード・ファクター（load factor 利用率）[6]とがより多くの収益をもたらした。しかしそれでも、運賃制限は、運送事業者が特定の高コスト市場（例えば、往路か復路のどちらかにほとんど貨客利用のない閑散市場）で十分なサービスを提供することを困難とした。

　参入規制も運賃規制と同様に厳しかった。連邦航空法（Federal Aviation Act of 1958）の定めるところによれば、新規の申請者（new applicant）は、当該サービスが「公共の便宜と必要性」（public convenience and necessity）というテストに受かっていることを明示する立証責任を負わなければならなかった[7]。これは実際上、既存の運送事業者（incumbent carrier）が自己の路線への他者による参入を阻止できることを意味した。実際に貨物専門運送事業者は、旅客運送事業者と直接に競争することがないように、1940年代末から50年代初頭にかけて初めて免許を取得したときの路線に運航を限られていた。また、旅客航空会社（passenger airlines）に許可された旅客および貨物権の拡大が制限されたために、最優良時間帯（prime-time）[8]の貨物輸送力はほとんど増加しなかった。

　こうして貨物サービスに対する価格および参入の規制は、生産上の非効率と利潤率の低下、サービスの悪化をもたらしていると思われるようになった。そこで新たな規制についての模索が始められ、一つの合意が、立法府議員、業界団体、学者および消費者（荷主）のあいだで得られることになった。1977年10月20日、ハワード・キャノン（Cannon, Howard）上院議員は、「1958年連邦航空法第 8 章を修正するために……およびその他の目的のために」修正

案を提出し、「その他の目的」のなかには、「本修正は貨物専門航空輸送形態の規制緩和を望むものである」という1項目があった[9]。本修正案は口頭で承認され、議会から2、3の変更を受けて10月28日上院で、11月2日下院で可決された。これにより国内運賃がまず規制緩和され、参入規制についても、翌78年1月9日、既存の定期運送事業者に対する国内定期貨物サービスの参入規制が廃止された（チャーター航空会社に対してはその数カ月後に廃止された）。そして1979年5月初旬には、適合性（fitness）、意志（willingness）および就航能力（ability to serve）というテストを受けるだけで、新規運送事業者も航空貨物事業に参入できるようになった。

3．規制下の航空貨物業界

　航空貨物規制のもとでは、コンビネーション機の運航は旅客運送事業者だけに許され、フレイター機（freighter aircraft 貨物専用機のこと）は旅客運送業者も貨物専門運送事業者もともに定期サービスに使用できた。小型機の運航は規制を受けていなかったので、小型機による参入は自由であった。トラックの使用はすべての航空運送事業者に対して制限された。そのために航空運送事業者は、行程中の少なくとも一部は地表手段によって、より経済的に移動させることのできた積送品を、航空輸送せざるをえなかった。コミューター運送事業者（commuter carrier）は、機材制限のために短距離路線上でしか競争できなかった。コミューター運送事業者は実際には、フィーダー運航（feeder operation）や小包速達業務（small parcel express business）を行っていた。貨物専門運送事業者や補足的運送事業者（supplemental carrier）[10]はまた、とりたてて明確な路線免許を必要としなかったので機材を大手荷主に定期チャーターしたり、あるいは他の（通常は外国の）運送事業者にリースしたりして、参入規制を回避しようと努めた。航空会社のこれらの機能分化は、価格および参入規制の産物であって、もし規制がなかったならば、機材や施設などの生産要素をめぐる、このような特化（specialization）は起こら

第5章　アメリカ航空貨物業界と規制緩和

なかったであろう。規制は総じて、運送事業者の使用の許された生産要素に応じた特化に帰着した。

（1）規制初期の成長とその後の抑止要因

　1947年に規制がしかれて以来、最初の20年間、航空貨物業界は比較的順調な成長を示した。少なくとも、それによってひどい妨げを受けることはなかった。1950年代と60年代に航空貨物は著しい割合で増加し、実質産出量（real output）は50年代には年9パーセント、60年代には年17パーセント以上増加した。[11] アメリカの国民所得の上昇と、高価値製品の国内外取引の増大とが、航空貨物業界におけるこのような拡大に寄与した。一方、供給側の変化も急速で、需要側のそれよりもむしろ大きかったと言える。というのは、航空貨物業界はこの期間を通じて、より大容量、効率的な機材の供給を相ついで受け、それが実質コストを低く抑えるとともに、輸送力を急速に拡大させる一因になったからである。

　しかし、規制は、1970年代の諸変化、つまり需要の地理的移動、石油ショックによるジェット燃料価格の上昇、旅客運送事業者およびコミューター運送事業者の航空貨物サービスの変化、などに対応できなかった。ベトナム戦争の終結とともに、東南アジアへの民間航空需要は減少し、他方、国内では、航空貨物サービスの集中していた北部、中西部の工業地帯が南部および南西部に人口と産業を奪われつつあった。チャーター・サービス需要は1969年以降、それに先立つ数年間に急上昇したのと同じくらいの速さで急落し、定期業界の成長も以前の4分の1に落ち込んでいった。[12]

　1974年以降の燃料価格の上昇は、航空貨物業界にとりわけひどい打撃を与えた。73年の貨物専門運送事業者の税込み利益（pretax profit）は3,590万ドルであったのに対して、翌年には同じ輸送量で750万ドルしか得られなかった（旅客運送事業者は同時期に、輸送量増加分を含めずに、3億2,560万ドルから5億3,230万ドルに利益が増加した）。[13] コストも名目で上昇し始めていたし、インフレーションは高進しつつあった。ジェット機による効率性の改善ももは

89

や利潤増大に寄与できなかった。これらのコスト上昇は、運送事業者に運賃の値上げか、サービスの切りつめを余儀なくさせ、早晩、規制の束縛と衝突せざるを得なかった。1970年代の初頭にはまた、旅客運送事業者は、旅客輸送力に対する貨物輸送力の比率が旧型コンビネーション機よりも数段大きな広胴機（wide-body aircraft）の使用を始め、このためフレイター編成をふやさなくなった。貨物専門運送事業者も新機材の追加をやめていた。

　こうして、定期運送に占めるフレイターの割合は、1970年に増加したものの、その後は規制緩和までは、変わるものでなかった。規制緩和期の始まる前年の77年に、定期免許航空サービスから得られた国内貨物収入（domestic revenue）は13億ドルであったのに対し、エア・フレイトにもっとも接近した代替手段をなす都市間自動車貨物運送事業者（intercity motor freight carrier）は、310億ドルの収入をあげていた[15]。規制対象外のコミューター運送事業者は、70年代に貨物運航を急拡大させ、70〜78会計年度までの間に、平均年率17パーセントの割合で輸送量が増加したものの、規制緩和時に、規制対象外の運送事業者による国内航空貨物輸送量は全体の5パーセント未満にすぎなかった[16]。

（2）サービスの歪み

　旅客航空会社とCABは、コンビネーション機が旅客の利益のために定期運航されることに同意し、貨物サービスから得られる余剰収入は、旅客サービスを補助するための資金に当てられるものとした[17]。その結果、下部貨物室に余剰があるかぎり、貨物が旅客航空会社から貨物専門運送事業者に運送転換されることは、旅客運賃がより割高になる可能性のあることを意味した。確かに、効率性の観点からは、貨物を可能な限りコンビネーション機の下部貨物室で輸送することが求められた。

　しかし、コンビネーション機が最優良時間帯の貨物サービスを提供するうえで劣っていることを見落としてはならない。CABは、フレイター機ならびに貨物専門運送事業者の固有の役割を軽視していた。貨物専門運送事業者

第5章　アメリカ航空貨物業界と規制緩和

はオーバーナイト貨物の多くを輸送できたのに、参入機会が絶たれていたので、そのために多くの市場で非効率が生じた。価格規制がなければ、最優良時間帯の貨物運賃はフレイター供給価格（freighter supply price）以上に上昇しただろうし、輸送力水準はフレイターの提供するそれ以下の水準のままであったろう[18]。実際には、価格規制のもとで、超過需要は旅客便[19]の最優良時間帯サービスによる高い貨物負荷、したがって、サービスの質的低下となって表れていた。

　当時の旅客運送事業者の利潤極大化戦略は明瞭であった。すなわち、貨物専門運送事業者のフレイター・コストか、それ以下に価格を設定しておくことであった。そうすれば大半の貨物は下部貨物室で、したがって高い収益率で輸送されることになった。ただ大手フォワーダーの業務を引き止めておくために、最低限のフレイター・サービスが旅客運送事業者の赤字覚悟で提供された。他方、貨物専門運送事業者についても特有の反応が見られた。平均フレイター・コストを補填するのに十分な高運賃を設定するようCABに請願すること――たとえ旅客運送事業者の利潤をいっそう高めることになったにせよ――と、最大の利潤をあげるよう最も効率的なフレイターを運航することが、それであった。貨物運賃は業界平均コスト（industry average cost）に従って定められていたので、平均以下のコストしかかからない運送事業者は、より良いサービス、より多くの割引、より高い収益率の組合せを獲得することができた。高コスト運送事業者と低コスト運送事業者とが競争していた市場では、後者が価格、量、質の水準をことごとく決定した。

　しかし、下部貨物室の利用可能性は、低コスト・フレイター運航者の得るべき超過収益の拘束要因として作用した。高コスト運送事業者だけが就航していた市場――例えば、若干の貨物専門運送事業者が参入しようとして不成功に終わった、南部および南西部の市場――では、サービスの質的水準は低く、利潤もまた低水準であった。参入規制はこのように非効率な技術体系に保護を与えていた。結局、フレイター便は多くの市場から排除された。下部貨物室のスペースが利用可能な場合、荷主はますます昼間時間まで積荷を遅

91

らせなければならなかった。ドア・ツー・ドア運送に要する経過時間（elapsed time）は2倍になったが、価格は通常、同額のままだった。

　規制が輸送力にこのような結果をもたらしたために、地表移動ないしオフ・ピーク航空移動に転換された最優良時間帯運送は、国内エア・フレイト全体の3〜7パーセントに達した[20]。適切な航空輸送体系が欠落していたために、国内定期貨物運送量は1977年に約13.6パーセント減少し、規制が施行されていなければ達していたであろう水準よりも低いものとなった[21]。

　旅客運送事業者が貨物運送事業者と競合していた市場では、フレイター提供は削減されたものの、排除されはしなかった。1970年代初頭から中葉にかけてのフレイター運航回数（freighter departures）の削減は、主として旅客運送事業者が貨物専門運送事業者との競合から保護されていた市場においてであった。これらの市場では、貨物輸送量の成長は横ばいか、拡大傾向にあったが、同時にフレイター・サービスには急激な減少が見られた。

（3）生産の非効率

　運賃・参入規制は、運送事業者に機材を非効率に運航させる結果となり、また、より効率的な技術体系が利用可能になったときでさえ、その採用に水を差した[22]。さらに州際交通委員会（Interstate Commerce Commission, ICC）は航空会社に、就航免許を受けた空港の25マイル以内、つまり航空移動に直接関連を有する範囲内を除いて、トラックによる貨物運送を禁じた。この規制のために、航空運送事業者は、多くの都市に直接航空サービスを提供するか、あるいは自動車貨物運送事業者と集配契約を結ぶかのいずれかの方法をとらざるをえなかった。前者は一定のサービスを生産するコストを高め、後者は一定のコストで、サービスを質的に低下させた。2企業が介在する場合、トラックと航空の運送計画の整合は不確定なものとなる。荷主は標準LTLサービス[23]よりも速くて信頼のおけるトラック・サービスに対しては、進んで代価を支払おうとしたが、ICCは高速サービスに対する高運賃を認めていなかった[24]。

生産効率は多分に生産の多様化によって増大したであろうが、それは確定しがたい問題である。定期航空貨物輸送に対する需要は季節的であり、地理的にも異なっている。チャーター需要も景気循環的である。旅客運送事業者は貨客別の需要の変化に合わせて機内の一部を変えたり、配置換えしたりすることができるが、需要減少期における貨物運送事業者ならびに補足的運送事業者のとりうる唯一の方策は、路線免許制限のより少ない運送事業者に機材をチャーターまたはリースすることであった。

　実際問題として、航空機のリース市場はきわめて流動的である。あるリース市場では、機材の運航管理は1週間、1日、あるいは1時間単位でさえ変化した。[25]しかし、たとえ設備のリースおよびチャーターが生産損をすべて防いだとしても、それにもかかわらず、リースおよびチャーター契約にはかなりの取引コストが伴った。

　結論的に言えば、規制のコストは業界の効率性の低下と収益の再分配となって表れた。貨幣に換算した規制コストを正確に見積り、定量化することは、いっそうの調査研究と計量経済学の援用を必要とする。けれども、航空貨物規制のコストは相当に大きかったことは、確かであろう。1970年と74年の景気後退とともに経済成長は下がり、景気循環に他のどの部門よりも早く影響を受けやすい航空貨物業界は、とりわけその打撃が大きかった。また、前述のように石油ショックによる燃料コストの上昇は経済全般にわたる高インフレ率の火つけ役となり、業界自体も荷主需要の変化に合わせてサービスを変えることが難しかった。このような次々に出現する新事態に直面して、業界と政府は真剣に規制緩和を検討するようになった。

4. 規制緩和下の航空貨物業界

　規制緩和立法（deregulation legislation）は要約すると、
　①産業構造および業績の主要な決定要因は、以後、市場諸力に委ねるものとする

②既存の定期フレイター・サービス運航者は1977年11月9日から、無制限の国内貨物専門免許（unrestricted domestic all-cargo authority）を申請でき、60日以内に免許が与えられる
③既存のチャーター・フレイター・サービス運航者は78年4月から申請でき、45日以内に免許が与えられる
④同年11月9日以降、委員会（CAB）は「いかなる申請も提出後80日以上遅れることなく」申請者の適合性、意志および能力に関して裁定を下した後、ただちに「合衆国のいかなる国民」に対しても参入の開放が始められるものとする
⑤プエルトリコおよびバージン諸島をも適用範囲とする
⑥差別的ないし掠奪的価格設定は例外として、全運送事業者に対する国内貨物運賃規制はただちに撤廃される
という規定内容であった。[26]

なお、運賃率表はCABに提出する必要はないにせよ、引き続き公表され、遵守されるべきだとする議会の意向が、両院議会報告書（Conference Report）に記されていた。[27]

規制撤廃に対する各航空会社の反応は、航空会社ごとに規制がどの程度拘束的であるかによって異なっていた——最も強い拘束を受けていた航空会社が最も鋭い反応を示した。一般に規制緩和下の最初の数年間は、生産性の改善、輸送量および産出量の増大、最優良時間帯貨物サービスの向上に向かって変化した。運送事業者はまったく新しい地域に路線を開設するというより、むしろ既存のサービス区域の支線をなす新市場へと拡散していった。価格水準は最初はただ順調に推移しただけで、1977年と80年のより急激な上昇のときでさえ、調整は秩序だっていて合理的だった。

（1）サービス

規制緩和の最初の1年間（1977-78年）に、免許運送事業者の国内運送量は5.7パーセント、非免許運送事業者のそれは28.9パーセント上昇した。これに

第5章　アメリカ航空貨物業界と規制緩和

表5-1　国内定期航空貨物輸送における産出量の成長（1973～80年）

（単位：％）

運送事業者の分類	市場占有率(1)	平均年変化			
		1973-77年	1977-78年	1978-79年	1979-80年
免許路線(2)	95.3	1.8	5.7	0.1	-2.3
旅客(2)	84.6	2.1	2.6	-2.8	-3.6
貨物専門(2)	10.7	-0.1	27.0	12.1	2.2
非免許	4.7	9.2(3)	28.9(3)	36.8(3)(4)	26.8(5)
経済全体(6)	...	2.2	4.6	3.5	-1.3

注　（1）機内搭載国内貨物有償トン数における占有率。1978年6月30日現在。
　　（2）国内定期貨物有償トン・マイル。1973-78年のデータはフライング・タイガー航空のアンカレッジ運送を除く。1978-80年のデータはアンカレッジ運送を含む。
　　（3）コミューター運送事業者の国内定期搭載貨物トン数。
　　（4）部分データに基づく計算。
　　（5）第418条のみの運送事業者の国内定期貨物有償トン・マイル。
　　（6）アメリカの国民純生産。
出所　CAB, *Supplement to the Handbook of Airline Statistics: Calendar Years 1973 and 1974* (GPO, 1975); and subsequent issues; CAB, *Air Carrier Traffic Statistics: December* 1979; and subsequent issues; CAB, "Commuter Air Carrier Traffic Statistics" (CAB, 1978); and subsequent issues; CAB, *Airport Activity Statistics of the Certificated Route Air Carriers* (GPO, 1979); CAB, "Summary of Section 418 Domestic All-Cargo Financial and Traffic Results for the Six Months Ended June 30, 1979"; and subsequent issues; *Economic Report of the President*, January 1981, p.279; and Federal Reserve Bulletin, vol.67 (February 1981), p.A46に基づくCarronの計算。Andrew S. Carron (1981). *Transition to Free Market*, p.27.

比べて規制緩和前の5年間（1973-77年）では、免許事業者の成長率は年1.8パーセント、非免許事業者の場合は年9.2パーセントであった（表5-1参照）。1978年には、経済自体の成長率の低下とともに、燃料価格が大幅なコスト上昇を引き起こしたのに続いて、航空貨物産出量は低下した。同年、先発免許運送事業者（previously certificated carrier）の成長はほとんど振るわなかった。しかし、非免許事業者は急速な上昇をつづけた。80年のインフレーションと景気後退は、先発免許事業者業界の産出量水準を低下させる要因となっ

たが、その一方で、中小運送事業者は成長を続けていた。

　サービスの質は輸送量の増大とともに向上した。フレイター・サービスは地理的に拡大され、より大量、大型の航空機が既存路線に追加された。規制緩和前には、フライング・タイガー航空（Flying Tiger Line）はアンカレッジを補給基地として利用していたが、緩和後は同地で国内貨物の積み卸しを行った。[28] パン・アメリカン航空（Pan American World Airways）は沿岸地点と内陸地点間のフレイター便の貨物を確保するため、国内貨物輸送をも始めた。また、各運送事業者は、自社のネットワークに新たな都市間運航を始めた。フライング・タイガー航空はシカゴからダラス・フォートワース、ヒューストン、アトランタその他の都市へのサービスを開始、エアリフト・インターナショナル（Airlift International）は東海岸ネットワークをシアトルおよびポートランドに拡張、そしてシーボード・ワールド航空（Seaboard World Airlines）は、中西部および西海岸を同社の大西洋横断サービスに接続した、大陸横断国内飛行に着手した。[29]

　コミューター運送事業者は、以前、拘束されていた最大規模の制限から解放され、所有機材の大型化を始めた。若干の運送事業者は、中古ターボプロップ旅客機（used turboprop aircraft）を入手して、それをフレイター・サービスに転用した。フェデラル・エクスプレス（Federal Express）は、規制下では最大だった同社の所有機の7倍の大きさに相当するジェット・フレイターをただちに購入し、1980年にはDC-10広胴フレイターを2機購入、ボーイング727および737の機数も増加した。その結果、同社の1日当たり輸送量は2年間で150パーセントも上昇したと伝えられる。[30]

　補足的運送事業者は、規制緩和下で機会利用に遅れをとった。その理由として、第一に、補足的運送事業者は定期フレイター便の運航免許を申請するのに1978年4月まで――定期フレイター運航者に遅れること6カ月――待たなければならなかった点があげられる。

　しかし、この他にも、地上施設と販売網の整備という要件もあった。エバーグリーン・インターナショナル航空（Evergreen International Airlines）を

第5章　アメリカ航空貨物業界と規制緩和

はじめ、多くの補足的運送事業者が新たにサービスを開始したが、そのほとんどは、限られた路線網でのチャーター貨物輸送であった。[31]

　旅客航空会社は規制緩和前には、多くの地点に就航していたが、他業態の事業者の参入に応じて、貨物サービスを切りつめていった。旅客航空会社は、旅客規制緩和のもとで顕在化するはずの諸問題に対応し、自社の経営・財務資源を振り向けたいと考えていた。貨物規制緩和の2年後に、国内幹線運送事業者（domestic trunk carrier）の国内航空貨物市場占有率は76パーセントから68パーセントパーセントに低下し（パンナムを除く）、一方、先発貨物専門運送事業者の占有率はそれに応じて20パーセントから28パーセントに増加した（パンナムを含む）。[32]

　表5-2は、新しいサービスがどの程度まで、最優良時間帯における貨物スペースの利用性を高めたかを表したものである。規制緩和前には、貨物専門運送事業者の未就航市場では、そのサービスを受けていた市場よりも、ロード・ファクターが若干高かったのに対して、緩和立法の通過後にはその差はかなり縮まっていた。ロード・ファクターが低ければ低いほど貨物スペースの利用可能性は高くなっている。

　こうして規制緩和後、貨物専門運送事業者の参入によって、どの市場でも最優良時間帯サービスは向上した。貨物専門運送事業者が新たに就航することになった、15の都市間市場（city-pair markets）のほとんどは、南部諸州内の地点にあったし、その他は北部諸州を横切る、かつての大陸横断サービスの再路線化（rerouting）であった。[33]

　これらの市場における、貨物スペースの利用可能性の改善は、コンビネーション機からフレイターへの転換によるものであり、地表輸送からフレイターへのかなりの輸送転換が見られた。規制緩和の最初の年にサービスが急拡大されたのは、以前に貨物専門運送事業者に対して門戸が閉ざされていた市場においてであった。規制緩和がこれらの門戸を開放して、同市場に最も多くの利益を与える可能性があったからである。

　アメリカ国内のフレイター運航回数は、規制緩和前の数年間では終始低下

表5-2　1977年および78年の第4四半期における
最大都市間200市場の最優良時間帯貨物輸送力

市場の種類	都市間の数		最優良時間帯 ロードファクター[1]（%）	
	1977年	1978年	1977年	1978年
全市場	200	200	61.7	56.6
フレイター・サービス未就航[2]	68	63	61.9	56.9
フレイター・サービス	132	137	61.7	56.4
貨物専門運送事業者未就航[3]	116	109	63.7	57.7
貨物専門運送事業者	84	91	59.1	55.3
1978年に追加された 　フレイター・サービス[2]	…	17	66.2	53.5
1978年に追加された 　貨物専門運送事業者[3]	…	15	64.7	59.4

注　(1) 最優良時間帯は午後9時から午前6時45分までの一切の定期出航に適用される。
　　ロード・ファクターは、提供輸送力に対する輸送貨物の比率で、最優良時間帯貨物
　　用の一般的利用可能性を示すのに用いられている。より低い数値は、貨物スペース
　　のより良い利用可能性を含意する。
　　(2) 幹線運送事業者と貨物専門運送事業者の両者のフレイター運航を含む。
　　(3) エアリフト・インターナショナル航空、フライング・タイガー航空、シーボー
　　ド・ワールド航空だけの提供サービスに適用される。
出所　Carronの計算。Carron (1981). p.33.

していたが、緩和後の初年には9.2パーセント増加した（表5-3参照）。以前に貨物専門運送事業者が就航していなかった都市が、最も多くのフレイター運航回数と貨物輸送量を得た。十分なフレイター・サービスを得ていた都市でさえ、増加を記録し、規制緩和直前の数年間と著しい対照を示している。しかし、1979年になると、このパターンは著しく変化した。フレイター運航回数は、すべてのタイプの都市で低下し、78年にサービスを受け始めた都市でとくに急落が目立った。一部には、それは単に途中着陸（multi-stop）が直行（nonstop）サービスに変わったことを表わしているにすぎないかもしれない。また、初期成長は機材不足と、操業開始コストによって制限されていたし、1機材で複数の地点の貨物を集めたりもしていた。しかし、より根

第5章　アメリカ航空貨物業界と規制緩和

表5-3　国内便フレイター運航回数と輸送量（1971～79年）

（単位：％）

市場の分類と産出量	期間ごとの変化[1]			
	1971～73年[2]	1973～77年	1977～78年	1978～79年
貨物専門運送事業者未就航[3]				
フレイター運航回数	−39.1	−68.7	+64.6	−35.4
機内搭載貨物トン数[4]	+22.2	−0.8	+21.8	−7.8
貨物専門運送事業者制限[5]				
フレイター運航回数	+0.5	−42.2	+32.6	−9.4
機内搭載貨物トン数[4]	+17.6	+13.6	+7.8	+1.8
貨物専門運送事業者非制限[6]				
フレイター運航回数	−8.1	−29.7	+6.1	−14.9
機内搭載貨物トン数[4]	+22.9	+0.1	+7.0	−3.0
標本都市合計				
フレイター運航回数	−11.9	−35.8	+12.7	−15.6
機内搭載貨物トン数[4]	+21.9	+1.9	+10.0	−3.3
アメリカ合計				
フレイター運航回数	−14.0	−36.2	+9.2	−16.3
構内搭載貨物トン数[1]	+20.7	+0.6	+9.1	−2.8

産出量	アメリカ合計に占める標本都市の割合			
	1971年[2]	1973年	1977年	1979年
フレイター運航回数	92.7	94.9	95.5	99.3
機内搭載貨物トン数[4]	84.8	85.7	86.8	87.0

注　（1）非年平均。
　　（2）6月30日締め会計年度。
　　（3）規制緩和前、免許定期貨物専門運送事業者による国内サービス就航が一切許されていなかった都市。
　　（4）コンビネーション機およびフレイター機を含む。
　　（5）規制緩和前、エアリフト・インターナショナルあるいはシーボード・ワールド航空によってだけ就航が許可された都市。
　　（6）規制緩和前、フライング・タイガー航空による国内サービス就航が許可されていた都市。
出所　CAB, *Airport Activity Statistics of the Certificated Route Air Carriers* (GPO, 1971), and subsequent issuesに基づくCarronの計算。計算はアラスカ州およびハワイ州の運送事業者による州内運航を除外した、免許路線運送事業者の国内運航回数を表わしている。標本都市は、1971会計年度の機内搭載貨物トンの85パーセントを代表する都市である。Carron (1981). p.32.

源的には、サービスの減少は運送事業そのもののふるい分け（winnowing）にあった。フレイター・サービスを受けている都市は増えつつあっても、各地点で利用できる航空会社数は、それに比べて少なくなっていた。[34]

（2）運　賃

　表5‐4に示されるとおり、1977年から79年まで、規制緩和の最初の2年間、運賃上昇は明白だった。しかし、79年には、第二次石油ショックによって燃料価格が約2倍に跳ね上がったことを考え合わせて規制緩和前と比べると、その上昇は決して突出したものでないことがうかがえる。78年には一つの一般的な運賃上昇があった。大半の運送事業者は、同年3月ないし4月に平均で8～10パーセント程度価格を引き上げたが、それは運送事業者が77年後半まで待って、同年末に運賃調整を行った結果である。運賃引上げの第2ラウンドは、79年1月および2月にあったが、それは前のものよりも一様ではなかった。フレイターを運航していた運送事業者は、コンビネーション機だけを運航していた事業者よりも多少の引上げを追加した。

　よりいっそうの運賃変更は1979年第2四半期に生じた。大手フレイター運航者（アメリカン航空 American Airlines、フライング・タイガー航空、ユナイテッド航空 United Airlines）は同年末までに運賃を、規制緩和時のそれよりも約40パーセント引き上げ、コンビネーション機だけを運航していた航空会社（コンチネンタル航空 Continental Airlines、デルタ航空 Delta Airline、トランス・ワールド航空 Trans World Airlines, TWA）によって変更された運賃は22～33パーセントと、それよりも幾分低めの上昇だった。[35]

　運賃構造もまた変化を示してきた。より少数だが荷主は特別なサービスに対して割増金を支払っている場合もあるし、若干の路線では競争増大によって、かなりの割引がなされている。コンテナ詰めで差し出される積送品や、比較的高密度の積送品に対しては、経済性運航の観点から、1ポンド当たりより低い運賃が提供された。オフ・ピーク時（昼間や週末）に差し出される貨物も、もしそれがなければ未利用輸送力が生じてしまうところを満たして

第5章 アメリカ航空貨物業界と規制緩和

表5-4 国内航空貨物サービスの価格およびコストの変化 (1973～80年)

期間（年）	平均年間パーセント変化		
	コスト(1)	価　格	
		平均イールド(2)	一般品目運賃
1973～77	8.6	9.4	10.9
1977～78	6.6	7.8	11.9
1978～79	12.8	11.8	13.7
1979～80	25.2	13.5(3)	n.a.

注 (1) フレイター・サービスにおける貨物有償トン・マイルあたりの支出。
　 (2) 全サービスにおける貨物有償トン・マイルあたりの収入。
　 (3) 部分データに基づいて計算。
出所　CAB, *Supplement to the Handbook of Airline Statistics: Calendar Years, 1973 and 1974* (GPO, 1975); and subsequent issues; CAB, *Trends in All Cargo Service* (CAB, 1977), p.16; CAB, "Operating Results from Schedule All-Cargo Operations for the 12 Months Ended December 31, 1977", table 2; CAB, *Air Carrier Traffic Statistics: December 1979*, p.4; and subsequent issues; CAB, *Air Carrier Financial Statistics: December 1979*, p.2; and subsequent issues; CAB, Office of Economic Analysis, "For Information" Memorandum to the Board (March 5, 1980), app. C; CAB, "Summary of Section 418 Domestic All-Cargo Financial and Traffic Results for the Six Months Ended June 30, 1979", table and subsequent issues; and CAB, *Aircraft Operating Cost and Performance Report*, vol.12 (CAB, July 1978), pp.3, 8; and subsequent issuesに基づくCarronの計算。Carron (1981). p.33.

いるので、割引運賃で運送されている。

　特別な荷役が必要な積送品——生きている動物、危険品、人間の遺骸など——の運賃は急上昇した。これらの品目に対する特別追加料金は、規制下にあっては不十分であったし、運送事業者はいやいやながらそれらを受託していた。割引運送の結果、貨物積送品に対する単位収入としてのイールド (yield) の上昇は、一般品目運賃の上昇よりも緩やかになっていた（表5-4参照）。

　運賃に関連して、以上のほか2つの点が規制緩和された。すなわち、貨物に対する責任と運賃率表提出の問題である。

　運送事業者は、積送品の滅失 (loss) および損傷 (damage) に対して、1

ポンドあたり9.07ドルまでの責任を負っていたが、規制緩和後、かなりの数の運送事業者が標準責任限度額を、1ポンドあたり50セントに減額した。荷主はCABおよび議会に対して不服を申し立てたものの、低い責任限度額が非効率でも、不公平でもないというのが、大方の見解であった。

また、CABはこの規制下で、運送事業者の運賃率表を提出するよう求めていたのを、規制緩和に伴ってこれを撤廃した。[36]公式運賃率表の提出は、ある程度運送事業者間の暗黙の結託へ向かうだろうし、また運賃率表がいったん提出されると、それに従わなければならないので、運送事業者が値引きを開始したり、あるいは他者の値引きに対抗したりする能力を制限してしまう。

荷主は、運賃率表提出要件の廃止に反対した。というのは、彼らは、運送事業者独自の運賃シート（rate sheet）が利用できなくなると信じきっていたからである。航空会社筋では、1978年11月9日実施の全面的規制緩和の結果、ほとんど変化は起こらないだろうと予測していたが、CABが運賃率表の提出を要求しなくなると、貨物運賃は混乱に陥るのではないかという心配も表明されていた。[37]しかし、荷主は貨物運賃の混乱に直面しなかった。とはいえ、議会が運賃率表要件の継続を意図している以上、[38]問題は残ったままになった。

5．流動的な航空貨物業界

航空貨物業界が規制から規制緩和へと環境変化するにあたって、当初、「移行の混乱状態」（transitional chaos）が生じるのではないかと予測されていた。確かに、各運送事業者は競争相手の先を越そうとして急拡張したために、サービスの信頼性は悪化し、多くの新運賃が実施されたものの、やがて運送事業者には引き合わず、荷主には魅力のないことが判明して撤回されることになった。また、荷主は広範囲にわたる利用可能なサービスと価格の情報を得るのに余分なコストが生じたし、各航空会社は大規模な、費用のかさむ付随的関連事業を行った。

しかし、これらは「混乱状態」と呼ぶほどのものではなく、むしろ「移行

第5章　アメリカ航空貨物業界と規制緩和

の混乱状態」は現実とはならなかったと言ってよい。荷主はコストよりも、受けた便益のほうが大きかったろうし、運送事業者は競争相手や顧客の行動について、自由に情報を入手でき、運賃およびサービスの調整能力は損なわれることがなかった。移行調整期の効率損も、新しい提供サービスによる利益が短期調整コストを明らかに上回っていたので、杞憂に終わった。

けれども、この時点で規制緩和のメリットを確定的に評価するのは危険であった。実際問題として、1978年11月に全面的に規制緩和されて以来、航空貨物業界には多くの要素が影響を与えており、規制緩和と業界の現状との直接的な因果関係を明瞭には把握しにくい。さらにサービスは改善されるのか悪化するのか、運賃は下降するのか上昇するのか、合併・買収による業界の再編成が出現するのか否かなど、状況は流動的と言わざるを得ないのが実情であった。[39]各運送事業者が自社のサービス、運航、設備および価格を、荷主需要・選好の変化や競争機会に合わせて調整するのに従って、業界全体も恐らく変化しつづけるだろうと考えられたからである。[40]

もとより、アメリカとわが国とでは航空業界の状況に大きな違いがあり、わが国には貨物専門航空会社として日本貨物航空（NCA）があるものの、フェデラル・エクスプレスのような小口貨物に特化した航空会社は存在しない。アメリカの国土の広さがこのような航空事業の発展を必要とし、促進してきたのだから、アメリカの現状をそのままわが国に当てはめて言うつもりはまったくない。けれども、関係当事者の利害やイデオロギーからとかく硬直的になりがちな、わが国の規制緩和論議に対して、アメリカ航空貨物業界の帰趨は一つの有益な判断材料を提供するはずである。航空貨物業界は今後も変貌を遂げていくだろうが、これを注意深く観察していく必要がある。

注
（1）日本貿易振興会海外調査部米州課編（1982）『米国経済ハンドブック』東洋経済新報社、16頁参照。
（2）小椋正立著（1981）『サプライ・サイド経済学』東洋経済新報社、208～209頁参照。

（3）正式名称を「日本航空株式会社法を廃止する等の法律」（昭和62年9月11日法律92号）という。
（4）アメリカの航空貨物規制緩和法成立後の3年間についてではあるが、Andrew S. Carron (1981). *Transition to a Free Market: Deregulation of the Air Cargo Industry*. Washington, D.C: Brookings Institution. が多くの材料を提供しており、本章では、それを手がかりに論を進めている。
（5）下部貨物室（belly）をもつ通常の旅客機のことを、「コンビネーション機」という。なお、コンビ機（"combi" aircraft）と呼ばれる機種があるが、これは従来のコンビネーション機とフレイター機の中間的存在で、客室を二分して、一部は旅客用、他の一部は貨物用に使用するものである。
（6）ロード・ファクターとは、航空機の搭載可能量に対して実際に搭載された貨物の利用率をいい、旅客の場合は、座席数に対して有償で利用された席数の割合のことを指す。
（7）Federal Aviation Act of 1958, Section 40149 U.S.C. 1371.
（8）Prime-time serviceは「ゴールデンタイム・サービス」とも訳され、貨物の場合、アメリカでは大体、午後9時から翌朝午前7時くらいまでの間に集中して輸送されるので、こう呼ばれている。
（9）Carron (1981). p.18.
（10）補足的運送事業者は、不定期運送事業者（nonscheduled carrier）とも呼ばれ、チャーター航空会社のことをいう。
（11）Carron (1981). p.8.
（12）Carron (1981). p.10.
（13）CAB (1975), *Supplement to Handbook of Airline Statistics: Calendar Year 1973 and 1974*, GPO, pp.7, 46, 48-49. 貨物費用は個別に報告されていないので、旅客運送事業者のデータは旅客運航を含む。Carron (1981). p.10, footnote 16.
（14）定期国内航空会社の旅客収入は135億ドルであった。CAB (1979), *Supplement to the Handbook of Airline Statistics: Calendar Year 1977 and 1978*, GPO, p.42. Carron (1981). p.10.
（15）310億ドルのうち、トラックロード・サイズ未満の小型積送品から得られた収入分は75億ドルだけだが、航空貨物積送品のほとんどすべてはこのカテゴリーに入った。Carron (1981). p.10, footnote 18.
（16）機内に搭載された貨物トン数。CAB (1978), *Commuter Air Carrier Traffic*

第5章　アメリカ航空貨物業界と規制緩和

　　　Statistics: 12 Months Ended June 30, 1978, CAB, p.3. Carron (1981). p.10.
(17) Carron (1981). p.11.
(18) Carron (1981). p.11.
(19) 旅客の場合の最優良時間帯は、貨物とは逆に、日中の時間帯である。
(20) Carronの計算。Carron (1981). p.13.
(21) Carron (1981). p.13.
(22) 例えば、フライング・タイガー航空の航空機は、東洋からアメリカへ向かう東行きの収容搭載物（capacity loads）を運んでいた。太平洋上空では、西行き運送は東行きに比べてかなり少なかった。しかしノース・スロープ（North Slope）（アラスカ州と本土48州の地域間）では、もしタイガー航空が帰送途中の運送を参入規制によって妨げられていなかったら、48州とアンカレッジ間で石油製品の輸送に同社の輸送力が利用されたであろう（どの便も燃料補給のためにアンカレッジに寄航したから）。そのためタイガー機は、運送権をもつ運送事業者によって追加された航空機や荷主によってチャーターされた航空機と同じ航路上を、同じ時間帯に、一部空荷飛行していた。また、フェデラル・エクスプレスがより大型、効率的な機材を使用できなかったことによる効率損は、1977年に、1,210万ドル、概算機材運航費のほぼ20パーセント、概算貨物収入の9.4パーセントにのぼったと言われる。Carron (1981). p.14.

　　　なお、フライング・タイガー航空は、1988年12月16日、フェデラル・エクスプレスに買収、統合され、運航停止となった。
(23) LTL（less-than truckload）は、トラック1台分に満たない小口扱いのことをいう。LTLサービスの場合、トラック会社は積荷を集荷、仕分け、目的地への配車などで、トラックロード・サービス（荷主がトラックの全収容力を予約して受けるサービス）よりもほぼ2倍以上時間がかかると言われている。W. E. O'Connor (1985). *An Introduction to Airline Economics*. New York: Praeger Publishers. p.140. 山上徹監訳 (1987)『現代航空経済概論』成山堂書店、145頁。
(24) アメリカのトラック貨物業界における規制ならびに規制緩和については、野尻俊明 (1984)『規制改革と競争政策』白桃書房に詳しい。
(25) Carron (1981). p.15.
(26) Carron (1981). p.22.
(27) Conference Report on H.R. 6010, H. Rept. 95-773, 95 Cong. 1 sess.

GPO, 1977, pp.14-15. Carron (1981). p.22.
(28) 国内参入規制のために、フライング・タイガー航空の国際便は、アンカレッジで国内貨物を積み卸すことができなかった。前記注（22）参照。
(29) 規制下では、パンナムおよびシーボード・ワールド航空の国際便は、アメリカ国内とゲート空港（gate airport）の間で空荷運送を余儀なくされた。これによる両社の生産損は1977年、370万ドルと見積られた。Carron (1981). p.14.

なお、規制緩和後の1980年10月1日、シーボード・ワールド航空はフライング・タイガー航空と合併してタイガー航空の傘下に入り、エアリフト・インターナショナルは91年6月に運航停止、そしてパンナムは、業績悪化に歯止めがかからず、1991年12月4日、全面運航停止に追い込まれた。
(30) Federal Express (August 31, 1977). *First Quarter Report*, and subsequent issues に基づく Carron の計算。Carron (1981). p.28.
(31) エバーグリーン・インターナショナル航空は改造ターボプロップ2機で、東海岸と西海岸の沿岸路線の就航を始めた。デトロイトから各地の組立工場まで自動車部品を運ぶコントラクト・キャリヤーであった、ザントップ・インターナショナル航空（Zantop International Airlines）は、帰送途中での定期サービスを開始した。トランザメリカ航空（Transamerica Airlines、以前のトランス・インターナショナル航空 Trans International Airlines）も新しいサービスを用意した。
(32) Carron (1981). p.29.
(33) 南部諸州地点（southern tier points）とは、アトランタ、シャーロット（N.C.）、ダラス・フォートワース、ヒューストン、マイアミおよびサンファンをいい、また、北部諸州（northern tier）は、西海岸、中西部および北東部を取り囲む地域を指す。
(34) Carron (1981). p.31.
(35) Carron (1981). p.34.
(36) CABは運賃率表要件の撤廃の理由について次のように述べている。「われわれは、荷主に運賃が幾らかについての情報を知らせるために、運送事業者に運賃率表を提出せしめる必要はまったくなく、提出せずとも運送事業者はきわめて効果的にそれを荷主に知らせるだろう、という結論に達した。」Marvin S. Cohen, chairman of the CAB (1979), *Regulation of Air Cargo Freight Transportation*, GPO, 1979, p.62. Carron (1981). p.35.

(37) *Aviation Week and Space Technology* (November 6, 1978). p.36. Carron (1981). p.35.
(38) 前記注（27）参照。
(39) O'Connor (1985). pp.156-57. 山上監訳（1987）、163頁参照。
(40) The United States General Accounting Office (November 1985). *Deregulation: Increased Competition Is Making Airlines More Efficient and Responsive to Consumers*, GAO/RCED-86-26, p.54にも同趣旨の（旅客航空業界に主眼を置いているが）結論が述べられている。

第6章　米国空運事業の再構築と規制緩和

はじめに

　「西暦2000年までに、いやおそらくそれよりもっと早い時期に、自由世界における航空サービスのほとんどは、グローバル規模で競争を行う20社足らずの大手多国籍航空会社によって供給されることになろう」[1]。

　アメリカの航空経済学者、ダニエル・M．キャスパー（Kasper, Daniel M.）は、1980年代後半に出版された著書のなかでこう予言した。事実はキャスパーの予言どおりで、アメリカおよびヨーロッパの航空会社は、合併・買収、資本参加、路線の買い取り等を通じて経営規模の拡大と、グローバル化を推し進めていった。

　このような状況に至った直接の原因は、アメリカにおける航空規制緩和にある。アメリカでは、1978年に航空規制緩和法（Airline Deregulation Act, ADA）が施行され、国内航空の運賃と参入に対する制限が撤廃された。その結果、アメリカの航空産業は、効率的運航が可能な航空会社が生き残り、非効率な路線体系しか持たない航空会社が淘汰されるという寡占化状態が出現した。比較的少数のメガ・キャリヤー（megacarrier 巨大航空会社）・グループが、国内外にネットワークを拡張し、規模および範囲の経済性を獲得して国際市場に参入し始めた。そのため、ヨーロッパでは、アメリカのメガ・キャリヤーの進出に対抗すべく、各国の航空会社間で緊密な提携関係が結ばれるようになった。アメリカとヨーロッパの航空会社は、大西洋路線（米・欧間市場）と、さらにはアジア市場での覇権をめぐって、熾烈な争いを展開し、その帰趨は、わが国航空産業界にも少なからぬ影響を及ぼしてきた。

　以下では、規制緩和後のアメリカ市場における競争の激化と業界再編成の

過程を概観し、併せてヨーロッパおよびわが国の航空会社の対応について述べてみたい。

1. 規制緩和前後の旅客航空の変化

　1938年に民間航空法（Civil Aeronautics Act）が可決されてから、1978年に航空規制緩和法が制定されるまで、アメリカ民間航空委員会（CAB）が、国内航空会社を公益事業として規制していた。すなわち、参入、価格設定、路線選択を管理することによって競争を厳しく制限していた。航空会社はいったん運航免許を取得すると、ある特定の市場でサービスを提供する特権を享受するが、他の市場でサービスを提供しようとしても、それは許されなかった。現実の競争も潜在的な競争もともに厳しく制限されていた。価格は、特定市場におけるコストと収益の関係からではなく、業界全体の収益性を基礎にして設定された。民間航空法は、価格競争をあらかじめ排除するものではなかったが、しかし現実には、CABが価格競争を厳しく抑制していた。

　幹線航空会社——1930年代後半、CABによって最初に免許が与えられた航空会社——が、徐々に大型、長距離航空機を導入していく（DC-3型機からDC-6型機へ、コンステレーション機からB-707型機およびDC-8型機へなど、機種の格上げを行っていく）につれて、CABは、このような新型機に一層適した長距離路線サービスの提供を、これらの航空会社に認可した。またその際、CABは「フィーダー」（feeder　支線）航空会社に対し、幹線航空会社のもはや使用しなくなった小型機を用いて、幹線航空会社が手放した短距離路線サービスを提供する免許を与えた。その後、これらフィーダー航空会社も、より大型の機材とより長距離の路線を獲得するにつれて、CABは、大手航空会社には規模的に小さすぎる（あるいは大手航空会社によってサービスが提供されていない）路線にエア・タクシー・サービスを提供する第三レベルの航空会社を認可した。現在のアメリカのコミューター航空会社は、これら第三レベルの航空会社の直系の子孫であった。

第 6 章　米国空運事業の再構築と規制緩和

　CABは幹線航空会社とフィーダー航空会社に路線を与えることによって、3つのレベルのサービスを国内航空輸送体系に統合した。小型機を運航する第三レベルの航空会社は一般に、CABの路線および運賃規制から除外されていた。この統合の全体的な狙いは、幹線航空会社に、その主要な輸送量発生地点間におけるサービスを通じて、国内航空輸送の大部分を担当させることにあった。第二レベルの航空会社には、中小都市を発着する旅客を、その各地点から幹線システムまで輸送する役割を担わせた。それ以外のローカル・サービスは、第三レベルの航空会社によって補完された。

　歴史的に見て、アメリカの航空産業をこれまで支配してきたのは、幹線航空会社であった。ほぼ1970年代を通じて、11の幹線航空会社が集中的にアメリカ国内旅客市場の88パーセント以上を占めていた[2]。CABは場合によっては、同一路線上で航空会社2社によるサービスの提供を認可することもあったが、ほとんどの路線は単一の航空会社によって独占されていた。しかし現実には、アメリカの大部分の航空会社によって保有されていた路線権は、経済的に非効率な寄せ集めに過ぎず、真にアメリカ全土をカバーするに足る広がりと効率性を有していたのは、ユナイテッド航空（United Airlines）の路線構造のみであった。

　幹線航空会社は国際線市場をも支配していた。パン・アメリカン航空（Pan American World Airways）は、もっぱら国際サービスを運航し、事実上、全世界をカバーする運航免許を保持していた。他にはトランス・ワールド航空（Trans World Airlines, TWA）、ノースウエスト航空（Northwest Airlines）、ブラニフ航空（Braniff International Airways）の3社が国際免許（カナダとメキシコへの越境サービスを除く）を保持していた。すなわち、TWAはヨーロッパの多数の目的地に、ノースウエスト航空は日本とアジアの各地点に、そしてブラニフ航空はラテンアメリカに、それぞれ就航していた。アメリカの航空会社の総旅客輸送量のうち、約10パーセントは国際旅客であった[3]。

　1978年の航空規制緩和法（ADA）の可決により、40年間にわたるCABの支配は終結した。ADAは、アメリカの航空会社の運航をそれまで支配して

きた経済規制体制を解体し、産業規制から市場競争の導入へと政策転換を図った。安全性に関する規制は、アメリカ連邦航空局の監督の下に存続した。

参入、運賃設定、路線その他の制限は、アメリカ国内航空市場の競争を妨げ、損なってきたが、その撤廃は、アメリカの航空輸送産業を一変させた。各航空会社は、CABの管理から解放されたことにより、その路線構造を徹底的に再編成し、新しい価格戦略を劇的なまでに開拓した。保有機の調整を行い、さらに、コンピュータ予約システム（computerized reservation system, CRS）や、日本では一般にマイレージ・サービスと同義に捉えられている常連顧客優待制度（frequent flier programs, FFP）を含む一連の新しい競争手段を開発するとともに、合併・買収を次々に遂行していった。

（1）路線体系

規制緩和は、アメリカの航空会社の路線構造とサービスの形態に多くの変化をもたらしたが、なかでも最も劇的な変化は、ハブ・アンド・スポーク（hub and spoke）運航の急成長である。ハブ化（hubbing）とは、航空会社が選択した空港で、発着便の路線接続を運営する過程をいい、貨客がハブ空港において、最小限の遅延で都合よく接続便に移動できるようにすることである。航空会社は、路線の中間に位置する接続地点、すなわちハブを経由して多くの地点から旅客を輸送することにより、旅客を様々な出発地や目的地に結び付けることができる。それゆえ、1便当たりの平均旅客数ならびに収入のみならず、サービス提供都市の組み合わせ数も増やすことが可能となった。

市場参入および路線選択に対する政府規制が排除されたことにより、ハブ・アンド・スポーク運航が持つ基本的な経済性が重視され、その運航を支えるのに十分な輸送量を確保することが、航空会社にとってより重要な要件となった。ハブの効果を促進するため、また広範なオンラインコネクション・サービス（同じ航空会社間の接続のこと）を提供して顧客誘引を図るために、アメリカの航空会社は、積極的に新しい輸送源を求めてきた。既存のハブ以外からの便数を増加させ、新しいハブを設置したり、他の航空会社をその既存

のハブ・アンド・スポーク運航ごと買収したり、また、自社のハブに発着する小規模路線サービスを提供するリージョナル航空会社（regional airlines）に対して支配力を強化してきた。その結果、全行程をオンラインコネクションで飛行する旅客比率が実質的に増加し、複数の航空会社を乗り継ぐインターラインコネクションの旅客比率は相対的に減少するという傾向が生じた。

（2）コンピュータ発券・予約システム

　規制緩和以降、料金のタイプ、水準および条件の急激な増加と変化は、航空サービスのマーケティング問題をきわめて複雑なものにした。それゆえ、航空サービスの販売・流通システムにおける旅行代理店の重要性がいっそう高まった。当時、アメリカでは、全航空券の70パーセント以上が旅行代理店を通じて販売されていると言われ、[4]予約・発券に関する旅行代理店の処理能力には、旅客も航空会社も高い信頼を置いていた。それゆえ、旅行代理店への効果的アクセスを確保できるかどうかが、航空会社にとって競争上、決定的に重要な要素であった。

　旅行代理店へのアクセスを強化し、拡張するために、航空会社はコンピュータ予約システムを開発した。それによって、旅行代理店の多くの機能は自動化され、予約・発券にかかわる旅行代理店のユニット・コストも削減された。

　アメリカの航空会社は、ユナイテッド航空とアメリカン航空（American Airlines）に先導されて、次々に最新のコンピュータ予約システムを導入していった。占有するCRSのサービスから最大限の利益を得るために、各航空会社は、旅客に自社の便を予約させるよう代理店を促す意図で、まず最初に、一定の利益誘導（バイアス）をCRSに設定した。その利益誘導の主要な形式は、システムがコンピュータのディスプレイに自社の便を最初に表示するよう操作することであった。旅行代理店は、各々の処理に要する時間の総和を最小限にしようと努めるので、CRSサービスを広範囲に利用する航空会社は、「第一画面表示」（first screen）[5]を得ることによって、実質的な優位

表6-1　アメリカのCRS市場シェア（1986年）

システム名	航空会社	システム設置旅行代理店の数	代理店のシステム設置率（％）	航空会社のRPMs市場シェア（％）
セイバー	アメリカン航空	10,600	39.3	13.8
アポロ	ユナイテッド航空	7,400	27.4	15.9
システムワン	テキサス・エア	5,000	18.5	19.5
パーズ	TWAおよびノースウェスト航空	3,700	13.7	18.4
デイタスⅡ	デルタ航空	3,000	11.1	11.6
合　計		29,700	110.0	79.2

注　代理店のシステム設置に関するデータは、各航空会社の報告による。
　　設置率は、代理店27,000社を母数として計算。
　　複数のシステムを保有する代理店があるため、設置率の合計は100を超える。
　　RPMs市場シェアは1986年1月から9月までの実績による。
　　パン・アメリカン航空は、59％のRPMsシェアを持つが、CRSはセイバーを共用している。
出所　Daniel M. Kasper (1988). *Deregulation and Globalization: Liberalizing International Trade in Air Services.* p.35. 岡村邦輔監訳　吉岡秀輝訳『国際航空自由化論―サービス貿易とグローバル化』文眞堂、36頁。

性が与えられる。このようなシステムの開発は費用がかさみ、また旅行代理店にシステムの切り替えを了承させることも困難であることから、CRSの開発は、少数の航空会社に限られた。その結果、アメリカのCRSと市場シェアの内訳は、表6-1のとおりとなっていた。

（3）常連顧客優待制度（FFP）

　常連顧客優待制度は、アメリカにおいては規制緩和後の航空サービス市場できわめて有効なマーケティング手段であることが判明した。この制度は、飛行距離と支払い料金に基づいて、割戻金を報奨として与えることにより、旅客に「ブランド・ロイヤルティー」(brand royalty) を植え付けようとするものである。この割戻金は、非課税所得として個々の旅客に（航空券の代金を実際に支払う雇用者に対してではなく）与えられるものであるため、ビジ

第6章　米国空運事業の再構築と規制緩和

ネス旅客が他の航空会社を利用して飛行する方が、たとえ割安であっても、その動機をも減退させてしまうところにその特徴がある。航空会社の路線体系が広範であればあるほど、それだけ旅客も割戻金の獲得が容易になる。加えて、この制度のなかで目的地の数が増えるにつれて、無料の航空旅行（free flight）の魅力も高まってくる。このため、広範な路線体系サービスを提供し、かつ多数の目的地を提供する大規模な航空会社にとって、常連顧客優待制度は、特に有利な競争手段となっている。この制度は、旅行頻度の高い顧客のロイヤルティを取り付けるうえで成功を収めたことにより、既存および新ハブ経由のサービスの拡張をいっそう勢いづける結果となった。

2．淘汰の「嵐」

（1）フライング・タイガー航空の「身売り」

　第二次世界大戦末期から戦後にかけて、アメリカでは余剰になった、かなりの数の軍用機が民間に払い下げられ、それを使って航空貨物事業に乗り出そうとする者が相次いだ。これらの事業者は大体において、零細な貨物専門運送事業者で、当時、300社以上が不定期の貨物専門サービスにかかわっていたという[6]。このうち、CABから貨物専門免許を受けていたのは7社にすぎず、それも、航空規制緩和法が施行された1978年の時点では、フライング・タイガー航空（Flying Tiger Line）、シーボード・ワールド航空（Seaboard World Airlines）、エアリフト・インターナショナル（Airlift International）の3社しか存続していなかった。なかでもタイガー航空は、最大規模の貨物専門航空会社で、国内運航と国際運航（太平洋運航）とをほぼ等分に行い、上記の3社を合計した輸送実績のうち約3分の2のシェアを占め、そしてシーボード航空のシェアが約4分の1、残りをエアリフト社が占めていた[7]。しかし、淘汰の嵐に見舞われ、今や3社とも、アメリカ航空貨物業界からその姿を消している。

　フライング・タイガー航空の創立者、ロバート・W．プレスコット（Prescott,

Robert W.)は、太平洋戦争中、アメリカ義勇軍に所属し、中国やビルマで日本軍と激烈な航空戦を展開した「フライング・タイガース」の名パイロットとして知られた人物であった。戦争終結の直前、プレスコットは、航空貨物が将来有望な市場であり、未知の潜在的収益力を有すると見込んで、航空貨物運送事業に乗り出すべく、フライング・タイガースの元メンバー11名を呼び集めた。そして、その仲間とともに1945年、カリフォルニア州ロングビーチにおいて正式名称をナショナル・スカイウェイズ・フレイト株式会社（National Skyways Freight Corporation）とし、サブタイトルに"The Flying Tiger Line"の名を冠した、資本金89,000ドルの貨物航空会社を設立した。[8] これが後にフライング・タイガー航空と改称され、世界最大の貨物専門航空会社に成長していくわけだが、最初は、アメリカ海軍払い下げのバッド・コネストガ（Budd Conestoga）貨物専用機2機を用いて、コントラクト・ベースでエアフレイト・サービスを提供する零細な運送事業者にすぎなかった。初運航は45年8月21日で、翌年には、「公共の便宜と必要性の免許」（Certificate of Public Convenience and Necessity）を申請し、47年に、CABによって、コモン・キャリヤー・サービスを提供する権限が暫定的に与えられた。

　タイガー航空の初期の成長は、朝鮮戦争（1950～53年）によって促された。アメリカ本土から朝鮮半島および日本への軍事関連物資の輸送増大に伴って、同社はサービスを拡大させ、著しい成長を遂げた。しかし、朝鮮戦争停戦後には、激しい競争に見舞われ、定期国内エアフレイト・サービスは引き続き利益を計上していたものの、それは欠損を生じない程度の限界利益にすぎなかった。60年代に入り、ベトナム戦争（1960～75年）が起こると、軍事空輸軍団（Military Airlift Command, MAC）[9]の運航収入が、全収入の半分以上を占めるようになり、同社の経営は再び好転した。実際、62年には、MAC運航が全収入の73.6パーセントに達し[10]、結果的に、ベトナム戦争が、太平洋横断の運航回数を飛躍的に増大させ、同社に多額のチャーター収入をもたらすことになった。

　タイガー航空は、朝鮮戦争とベトナム戦争という2つの戦争のおかげで、

業績を向上させることができたが、平時においては、必ずしも良好な経営状態を維持できたわけではなかった。特に国内運航において、タイガー航空は、1968年以来、限界利益しか上げておらず、その理由としては、国内航空貨物における運賃水準の低さと、北部および西部の大都市にしか乗り入れができないという路線上の制限性が挙げられた。それゆえ、タイガー航空は、熱心な規制緩和推進論者となり、路線の拡大を何度もCABに申請したが、ほとんどが却下され、その実現は78年の航空規制緩和法の成立まで待たなければならなかった。

　タイガー航空は、規制緩和によって、サービスをテキサス州および南東部の大都市ならびにアンカレッジにまで拡大できるようになったが、しかし、規制緩和は、タイガー航空にとって、いわば両刃の剣で、同社を苛烈な競争状況の中に追い込むことにもなった。ユナイテッド・パーセル・サービス（United Parcel Service, UPS）やフェデラル・エクスプレス（Federal Express 2000年にFedEx Corporationに改称）といった競合企業の猛追は、予想を上回るもので、国内運航は従来から、決して実入りのよい部門ではなかったが、これによっていっそうの業績悪化に苦しめられることになった。タイガー航空は、主たる収入源を国際運航に頼って、経営の建て直しを図り、1987年と88年の2カ年で、これまでの累積赤字を解消したものの（表6-2参照）、結局は、88年12月16日、フェデラル・エクスプレスに買収、統合されることになった。そして、翌89年8月7日には完全統合されて、「フライング・タイガー」の名は消滅した。

（2）パン・アメリカン航空の消滅

　パンナムは、1966年に、前年比60パーセント増の1億3,200万ドルという記録的な利益を上げたものの、2年後の68年には赤字に転じ[11]、アメリカ国内線市場に参入することで経営の好転を図ろうとしていた。しかし参入規制によって阻まれ、それが可能になったのは、78年の規制緩和以降のことであった。

　1980年1月7日、パンナムは、ナショナル航空（National Airlines）を買収

表6-2　フライング・タイガー航空の

			1975年	1976年	1977年	1978年	1979年	1980年
営業収入	定期	旅客	—	—	—	—	—	—
		超過手荷物	—	—	—	—	—	—
		貨物	159.4	189.7	218.5	324.6	351.9	493.3
		郵便	18.4	18.4	15.7	17.9	15.1	23.7
	不定期		38.4	39.8	50.8	57.0	84.3	166.2
	その他		0.5	1.6	1.8	4.7	4.4	6.1
	営業収入合計		216.7	249.4	286.8	404.2	455.7	689.3
営業費用	運航費		91.5	100.7	116.9	138.7	185.1	335.1
	整備費		25.7	31.5	35.7	46.8	57.6	72.6
	減価償却費		13.3	13.8	16.0	28.7	30.3	44.3
	空港利用量・空港関係費		47.3	53.7	62.8	96.1	118.9	159.8
	旅客サービス費		2.6	2.2	2.4	3.3	4.9	8.8
	販売促進費		17.4	17.0	14.6	23.3	26.8	38.4
	一般管理費		13.8	15.5	16.5	20.5	21.3	29.6
	その他		0.3	1.0	1.2	3.5	5.0	5.3
	営業費用合計		212.0	235.1	266.1	360.9	449.8	693.9
営業損益			4.8	14.3	20.7	43.2	5.9	−4.6
営業外損益			8.8	54.4	2.2	−3.4	−4.7	−4.7
純損益	税引前		13.6	68.7	22.9	39.8	1.2	−9.3
	税引後		11.1	61.4	17.1	21.7	16.9	8.2

出所　『航空統計要覧』日本航空協会、1979年から89年までの各年版に基づいて作成。

し、同社の路線網を使って国内線の運航に乗り出したが、元パンナムのアジア・太平洋地区貨物本部長であった木下達雄は、当時の模様をこう語る。

「パンナムとしてアメリカ国内に『フィーダー路線』を持つ必要性が起き、新規に路線を開設していくか、既存の国内線航空会社を買収するかの検討をした結果、マイアミに本拠地を置くナショナル航空を買収しました。このとき、イースタン航空（Eastern Air Lines）との株式取得合戦となり、ナショナル航空の株価が釣り上がり、3億7,400万ドルという高い買い物になってしまいました。ナショナル航空には、非常に強力な組合に率いられた8,000人以

第6章　米国空運事業の再構築と規制緩和

損益計算書（1975年～88年）　　　　　　　　　　（単位：百万米ドル）

1981年	1982年	1983年	1984年	1985年	1986年	1987年	1988年
—	16.2	31.0	—	—	—	—	—
—	—	—	—	—	—	—	—
592.3	597.9	776.0	931.8	856.4	819.8	903.1	1,027.8
30.7	36.3	37.9	39.4	38.9	32.1	36.3	38.3
—	208.7	136.2	147.7	163.0	160.7	200.7	188.4
47.2	18.5	31.8	35.8	32.2	33.9	35.0	40.4
680.1	877.7	1,012.9	1,154.6	1,090.5	1,046.6	1,175.2	1,294.9
281.2	392.5	385.1	412.2	404.5	329.4	311.8	363.3
54.2	66.9	85.8	93.6	110.4	121.9	122.7	152.0
63.4	70.7	68.0	62.8	55.9	57.1	56.3	59.6
197.5	234.2	266.6	292.9	315.1	308.2	355.8	354.6
15.9	18.6	10.7	7.4	7.7	12.5	11.9	14.0
51.9	82.8	123.5	113.6	109.6	94.7	92.8	125.9
40.6	42.8	46.6	45.3	45.3	51.0	55.3	57.0
8.3	17.7	20.4	24.6	21.5	16.8	17.1	21.5
879.6	926.0	1,006.6	1,052.5	1,070.0	991.7	1,023.8	1,147.9
−34.0	−48.3	6.2	102.2	20.5	54.9	151.4	147.0
11.4	−24.0	−73.6	−41.4	−64.7	−73.6	−44.8	−29.6
−22.6	−72.3	−67.4	60.8	−44.2	−18.6	106.6	117.4
−10.6	−43.8	−67.4	60.8	−44.2	−18.6	81.7	74.4

上の社員がいましたが、パンナムの時の会長、シーウェル（Seawell, W. T.）は一人も人員整理をしないという立場を取りました。……［また、パンナムとナショナル航空とでは］機材も異なり、結局は、悪い買い物になってしまいました。買収後の調整費がまたたくまに5億ドルを越してしまいました。パンナムの経営史上の最大の間違いがナショナル航空の買収であったと言えます」と。[12]

　皮肉にも、ナショナル航空の買収により、念願の国内線参入を果たしたことが、パンナムの経営的行き詰まりを決定づける結果に終わったのである。

さらに1985年4月、パンナムは、成長市場である太平洋路線を7億5,000万ドルでUALに売却した。UALは、パンナムの太平洋部門のすべてを、すなわち、航空機18機と地上施設を含む営業を継続するために必要な財産と権利を購入し、併せてパンナムの従業員2,700人（日本人500人を含む）もUALに移ることになった。パンナムは、太平洋路線を手放した時点で、崩壊したのも同然と見なされた。

　その後もパンナムによる資産の売却は続き、1990年10月には、大西洋路線の大半と空港施設などがUAL傘下のユナイテッド航空に約4億ドルで売却され、ニューヨーク、ワシントンなどアメリカ国内の主要5都市とロンドンを結ぶ路線や、ワシントン〜パリ路線などのほか、ダレス（ワシントンD.C.）、サンフランシスコ、ヒースロー（ロンドン）の各空港施設が失われた。

　1991年1月8日、パンナムは、ついに連邦破産法11条（チャプター11）に基づく会社更生手続き申請のやむなきに至った。同年8月には、デルタ航空（Delta Air Lines）がパンナムの大西洋路線、株式の45パーセントなどを総額7億2,100万ドルで買収することが、ニューヨーク南部地区の連邦破産裁判所によって承認され、デルタ航空はこれらの資産を購入するとともに、従業員全体の約6割に当たる13,500人を受け入れることになった。この取引でパンナムの資産は、ほとんど底をつく格好になった。

　他方、デルタ航空も、パンナムの赤字路線である北大西洋路線を継承したことで業績が悪化し、当初、予定していたパンナムへの追加投資を見送った。そのためパンナムは資金繰りがつかなくなり、結局、1991年12月4日、運航を全面停止し、これまで運航を続けてきたわずかばかりの国際線を売却することをアメリカ運輸省に伝えて、パンナムはその64年に及ぶ歴史に幕をおろした。

第6章　米国空運事業の再構築と規制緩和

表6-3　定期旅客キロ実績ランキング（1991年）

（単位：百万）

順位	国際線 航空会社	旅客キロ	国内線 航空会社	旅客キロ	合計 航空会社	旅客キロ
1	英国航空	59,254	アエロフロート	133,429	アエロフロート	148,998
2	ユナイテッド航空	42,271	アメリカン航空	100,183	アメリカン航空	132,313
3	日本航空	38,757	デルタ航空	89,492	ユナイテッド航空	131,728
4	ルフトハンザ	38,403	ユナイテッド航空	89,456	デルタ航空	108,257
5	ノースウエスト航空	37,264	USエア	52,904	ノースウエスト航空	85,786
6	シンガポール航空	33,462	コンチネンタル航空	49,640	コンチネンタル航空	66,380
7	アメリカン航空	32,130	ノースウエスト航空	48,523	英国航空	62,835
8	KLM	27,277	TWA	29,250	USエア	54,900
9	エール・フランス	26,790	全日本空輸	27,623	日本航空	51,524
10	カンタス航空	26,505	アメリカウエスト航空	20,262	TWA	45,271
11	キャセイ・パシフィック	22,278	日本航空	12,766	ルフトハンザ	42,685
12	デルタ航空	18,764	エア・カナダ	9,781	全日本空輸	35,648
13	コンチネンタル航空	17,040	日本エアシステム	8,574	エール・フランス	33,710
14	タイ国際航空	16,554	インディアン航空	7,281	シンガポール航空	33,462
15	大韓航空	16,540	カナディアン航空	7,259	KLM	27,279

出所　International Air Transport Association. *World Air Transport Statistics*.

3．再編の様相

（1）アメリカ航空業界の二極分化

　アメリカ航空規制緩和は、国内的にも国際的にも重大な影響を与えた。規制緩和は、総じてアメリカの航空会社の対外競争力を強化したが、その一方で少数のメガ・キャリヤーの出現という寡占化を招き、上述のとおりパン・アメリカン航空が、運航停止へと追い込まれた一連の経緯は、規制緩和後のアメリカ航空業界再編の象徴的出来事であった。表6-3は、世界の定期旅客航空会社のうち、1991年の輸送実績の上位15社を示したものである。国際線、国内線の合計で、アメリカの航空会社が7社入っている。しかし、このうちメガ・キャリヤーとしての確固たる経営基盤を築いているのは、アメリカン航空、ユナイテッド航空、デルタ航空の3社で、残りの4社、ノースウ

エスト航空、コンチネンタル航空 (Continental Airlines)、USエア (US Airways)、TWAは業績が悪化してきており、二極分化が明瞭となっている。

最大手のアメリカン航空は、1991年1月に運航停止に追い込まれたイースタン航空から中南米路線を、またTWAからはアメリカ～ロンドン路線を買収している。ユナイテッド航空は、パン・アメリカン航空から太平洋路線とアメリカ～ロンドン路線を買収し、デルタ航空もパン・アメリカン航空の北大西洋路線を獲得した。これらの買収を通じて、アメリカの大手航空3社による寡占体制がほぼ確立した。

残りの4社のうち、コンチネンタル航空とTWAは、ともに連邦破産法11条を申請して、再建途上にあった。アメリカの場合、破産法を申請したからといって、それは必ずしも直接的に企業の消滅を意味するわけではなく、業績の悪化を短期間で立て直し、再生・再建を図る手段として利用されると言われる。[15]

コンチネンタル航空は、規制緩和による航空券の安売り競争の激化に十分対応しきれなかった。そのため、経営不振に陥り、1990年12月、連邦破産法11条の適用を受ける結果となった。同社は、シアトル～成田線の路線権をアメリカン航空に有償譲渡するなどの資産売却を行い、再建を図っていたが、92年11月、エア・カナダ (Air Canada) と投資家グループのエア・パートナーズ (Air Partners) による4億5,000万ドルの出資を受けることで合意した。[16] これによりエア・カナダは、コンチネンタル航空の普通株式の27.5パーセント、議決権株の24パーセントを取得して、両社の業務提携が結ばれた。[17] 一方、TWAは、91年初頭に勃発した湾岸戦争の影響による乗客数の激減と燃料費高騰のあおりを受けて収益が悪化し、92年2月、連邦破産法11条に基づく会社更生手続きを連邦破産裁判所に申請した。

ノースウエスト航空は、1992年11月、KLMオランダ航空 (KLM Royal Dutch Airlines) から49パーセントの出資を受け（議決権株は10.5パーセント）、KLMとデトロイト～アムステルダム線、ミネアポリス・セントポール～アムステルダム線の共同運航便を開設した。[18] USエアは、93年3月、英国航空による3

億ドルの出資をアメリカ運輸省が認め、これにより英国航空はUSエアの19.9パーセントの議決権を獲得することになった。[19]

（2）ヨーロッパの対応—英国航空のグローバル化戦略

　ヨーロッパの航空会社は、国際市場において、アメリカのより大規模化し、ますます効率的になった航空会社の競争圧力に直面して、アメリカのメガ・キャリヤーの優位性をいかに相殺するか、その方法を我先に見つけ出そうと努力してきた。合併・買収は、その一つの手段であった。

　英国航空[20]（British Airways, BA）は、ヨーロッパ最大の航空会社であるが、湾岸戦争と世界的な景気後退の影響で乗客数が大幅に減少したため、1991年2月、4,600人の人員削減と2,000人の一時解雇（レイオフ）という大胆な人員整理策を発表し、断行した。その結果、経営状態が好転し、また同社の乗員その他の人件費は他の航空会社に比べて低く、それと同時に国内市場規模も機材の効率的運航を支えるのに十分な大きさを持っていたため、アメリカのメガ・キャリヤーを凌ぐほどの勢いを見せるに至った。

　1992年は、英国航空が拡大策とグローバル化戦略を果敢に推し進めた年であった。まず1月に、アエロフロート（Aeroflot）との合弁でエア・ロシア（Air Russia）を設立した。3月には、ドイツの国内線航空会社であるデルタ・エア（Delta Air）に49パーセントで資本参加し、ドイツ企業の資本参加を得てドイツBA（Deutsche BA）に名義変更して、6月から新会社として運航を開始した。11月には、経営が悪化していたダン・エア（Dan-Air）を買収した。ダン・エアは、ロンドン・ガトウィック空港を拠点にイギリス国内やヨーロッパにネットワークを持っていたので、英国航空は、自社の従来からのガトウィック空港部門をこれに合体させて、同空港を強力なハブとして展開するようになった。さらに12月には、カンタス航空（Quantas Airways）が民営化するのに伴い、25パーセントの出資を行うことで合意が成立し、これによって、アメリカの航空会社に比べて弱かった自社のアジア・太平洋市場の基盤が、かなりの程度まで強化されるようになった。そして前述したとおり、93

年初頭には、USエアへの資本参加が実現した。

　世界最大の航空市場である米・欧間路線で先行していたアメリカ側の優位性に対抗するためには、英国航空にとって、アメリカの航空会社への資本参加が不可欠であった。そのため、英国航空はこれまでにも、ユナイテッド航空への資本参加を提案し、業務提携を望んでいたが失敗に帰していた。しかし、USエアへの資本参加が成功したことにより、アメリカ国内で英国航空にとって有利なネットワークづくりをUSエアに担当させることが可能となった。これは、ヨーロッパのゲートウェイとしてロンドン・ヒースロー空港をハブ空港として活用しようと目論んでいたアメリカのメガ・キャリヤーの機先を制するものであった。

　英国航空の拡大化、グローバル化戦略を目の当たりにして、他のヨーロッパ諸国の航空会社も、ただ座視していたわけではない。エール・フランス（Air France）は、サベナ・ベルギー航空（Sabena）を傘下に収めて英国航空への対抗姿勢を強めた。KLMは、英国航空との提携を拒否し、スカンジナビア航空（Scandinavian Airlines System, SAS）、スイス航空（Swissair）、オーストリア航空（Austrian Airlines）との連合に加わった。アリタリア航空（Alitalia）は、ハンガリー国営航空（Malév）に資本参加し、SASはまた、一時途切れていたポーランド国営航空（LOT Polish Airlines）との協力関係を復活させた。そのようななかで、ルフトハンザ・ドイツ航空（Lufthansa）だけが、これといった目立った動きを見せていなかったが、エール・フランスは、「ルフトハンザとの提携を拡大する」[21]意向を示していて、両社が連合する可能性も持ち上がっていた。

おわりに

　わが国に目を転ずると、1992年当時、日本航空、全日本空輸、日本エアシステムの3社体制に変動はなく、同年度の事業計画では、日航と全日空はそろって国際路線の縮小、見直しを図り、日本エアも新規の国際路線の開設を

第 6 章　米国空運事業の再構築と規制緩和

見送った。これは、91度決算で全日空と日本エアの国際線が赤字を出し、日航の国際路線も大幅な減益となったための措置である。

　しかし、日航は92年 1 月に、カンタス航空に 5 パーセント程度の資本出資を行い、業務提携する方針を打ち出して、グローバル化に乗り出している。また同社は、成田～ミュンヘン線の開設に合わせ、ミュンヘン～ベルリン線をルフトハンザと共同運航することに合意した。この共同運航では、日本からベルリンへ向かう旅客を、成田からミュンヘンまで日航の大型機を用いて輸送し、ミュンヘンからベルリンまでは、ルフトハンザの中型ないし小型機と乗員で輸送するという運航形態をとり、最終の目的地であるベルリンまで日航便として扱われる。これは、チェンジ・オブ・ゲージ（change of gage 主要空港まで大型機を乗り入れ、それから先の中小都市へは中型ないし小型機で輸送することをいい、市場規模に合わせてゲージ、つまり機体の大きさを変えることから「チェンジ・オブ・ゲージ」と呼ばれる）とコード・シェアリング（code sharing　2 つの航空会社がそれぞれの便を接続させ、両便に共通の便名、すなわちコードを使って 1 つの路線を運航する形態をいう）を組み合わせた、わが国初のケースであった。[22]

　わが国航空業界では、当時、欧米ほど目立った再編劇は見られず、また、航空 3 社は、欧米のどの航空グループと手を組むか態度を鮮明にしていなかった。しかし、いずれは 3 社とも、どこかの航空グループと業務提携を結ばなくては、企業としての存続が危うくなる事態も招きかねない様相を呈していた。世界的な航空自由化の波のなかで、日本の航空会社だけが、これまでのような手厚い政府保護を受け続けるというわけにはいかないであろうし、したがってより効率的な路線体系を開発し、運航コストの削減に努めることが、絶対的な必要条件であるのは、日本の航空会社も例外ではなかった。

注

（ 1 ）Daniel M. Kasper (1988). *Deregulation and Globalization: Liberalizing International Trade in Air Services.* Cambridge, Mass.: Ballinger Publication Company.　p.1.　岡村邦輔監訳　吉岡秀輝訳（1993）『国際航空自由化論―サ

ービス貿易とグローバル化』文眞堂、1頁。
（2）Kasper（1988）．p.28．岡村・吉岡訳（1993）、30頁。
（3）Kasper（1988）．p.28．岡村・吉岡訳（1993）、30頁。
（4）Kasper（1988）．p.34．岡村・吉岡訳（1993）、35頁。
（5）「第一画面表示」のバイアスについては、Kasper（1988）．pp.34-36．岡村・吉岡訳（1993）、35〜37頁参照。
（6）Nawal K Taneja（1979）．*The US Airfreight Industry*. Lexington, Mass.: Lexington Books. p.33.
（7）Taneja（1979）．p.33.
（8）『ワールド・エアカーゴ』1985年10月号、21頁およびフライング・タイガー航空社史 *Flying Tigers 1945-1989*（非売品）参照。
（9）軍事空輸軍団（MAC）は、1966年、軍事航空輸送部（Military Air Transport Service）を改編して創設された。航空輸送が主たる任務であるが、その他にも気象・救難・写真・医療などの業務もMACが担当した。ベトナム戦争の他、第四次中東戦争（1973年10月6日〜23日）、湾岸戦争（1991年1月17日〜3月3日）においても戦地までの航空輸送任務を果たした。1992年6月1日、再編により軍事空輸軍団は解散して、航空機動軍団（Air Mobility Command; AMC）が設立された。「軍事空輸軍団」http://ja.wikipedia.org/wiki/（2013.02.06入手）参照。
（10）Taneja（1979）．p.34.
（11）高橋文子（1996）『消滅―空の帝国「パンナム」の興亡』講談社、195頁。
（12）筆者の質問に対する木下氏とからのEメールによる回答。
（13）UAL Corp. は、ユナイテッド航空を主要子会社とする持株会社で、設立は1934年である。2010年10月、コンチネンタル航空（Continental Airlines）との合併により、ユナイテッド・コンチネンタル・ホールディングス（United Continental Holdings Inc.）に社名が変更された。
（14）『ワールド・エアカーゴ』1985年12月号、10頁参照。
（15）アメリカ連邦破産法に関する一般的解説書として、小林秀之（1985）『アメリカ民事訴訟法』弘文堂、349〜386頁および住友商事文書法務部（1989）『アメリカビジネス法』有斐閣、203〜218頁参照。
（16）『日本経済新聞』1992年11月10日付。
（17）『日本経済新聞』1992年11月17日付。
（18）イカロス出版（1993）『エアライン年鑑 1993-1994』130頁。

第 6 章　米国空運事業の再構築と規制緩和

(19)『日本経済新聞』(夕刊) 1993年3月16日付。
(20) 英国航空のグローバル化戦略については、イカロス出版 (1993)、99頁参照。なお、この当時まで、日本国内では「英国航空」の名称が使われていたが、2000年代以降は「ブリティッシュ・エアウェイズ」の名称で営業、マーケティングを行うようになっている。
(21)『日本経済新聞』1993年2月11日付。実際には、エール・フランスはKLMオランダ航空と共同で、2004年5月、新会社エール・フランス-KLMを設立した。
(22) 川口満 (1993)『21世紀の航空政策論』成山堂書店、41～43頁参照。

第7章　ポスト9.11のアメリカ港湾政策とセキュリティ

はじめに

　20世紀の2つの世界大戦においてアメリカ本土が戦場になることはなかった。主戦場は、両大戦ともヨーロッパ諸国であり、また第二次大戦では、南太平洋地域や日本、中国、アジア諸地域へと広がった。日本軍による真珠湾攻撃の被害を除けば、アメリカ自体は、ほとんど無傷の状態で終戦を迎え、戦後は海運力を含むあらゆる部門で圧倒的な力を発揮して、パクス・アメリカーナを形成した。

　それが、21世紀に入った最初の年の9月11日、アメリカの中心都市がテロ攻撃の標的となった。当時のアメリカ大統領、ジョージ・ブッシュ（Bush, George Walker）は、その翌日、「我が国に対して実行された攻撃行為はテロを超えた戦争行為である。米国はすべての資源を投じて敵に対処していく[1]」と声明を発表し、この事件を「戦争」と位置付けるとともに直ちに報復に乗り出し、実行犯の割り出しを急いだ。

　アメリカ政府は、攻めの政策ばかりでなく、守り、すなわち国土保全、とりわけ港湾および空港における人とモノの出入りを管理し、セキュリティの強化を図ることが急務となった。その手始めとして、国土安全保障省（United States Department of Homeland Security, USDHS）が2002年11月に設立された。同省は、テロリストの攻撃や自然災害などあらゆる脅威から国土を守ることを目的としており、したがって、その任務範囲はきわめて多岐に及んでいる。なかでも国境の警備および運輸面におけるセキュリティの確保は、国民生活に直結するだけに喫緊の課題であり、そのための実行機関として税関・国境警備局（CBP）、国境警備隊、関税監査局、移民局、農業検査局な

どが創設された。

　本稿では、CBPが中心になって推し進めている港湾セキュリティの問題に焦点を合わせ、論を進める。しかしながら、アメリカの海上セキュリティ構想は、自動ターゲット・システム（ATS）、コンテナ保安構想（CSI）、テロ行為防止のための税関・産業界提携（C-TPAT）、輸入者保安申告・運送業者追加情報要件（10＋2）のほか、すべてを合わせると8構想に及び、その内容はそれぞれ複雑で、問題も錯綜している。そこで以下では、9.11を挟んだ約30年間におけるアメリカ海運力の変化を概観したのち、現在の港湾管理体制に触れ、「10＋2」プログラムおよびC-TPATに言及し、問題点を整理し、合わせて、アメリカ運輸省交通統計局の資料を付論として取り上げることにしたい。

1．アメリカの海運力

　表7‑1は、1985年1月1日現在と2013年12月31日現在における世界の商船隊上位10カ国を比較したものである。これを見ると、1985年、アメリカは、商船合計の重量トンが2,093万9,000トン（世界合計シェア3.2％）で8位、隻数が492隻、うち貨物船の重量トンは429万6,000トン、隻数216隻であった。世界合計は、6億5,642万2,000トン、25,424隻の輸送力を有していた。この輸送力のほぼ2分の1はタンカーであり、また、世界の重量トン合計のうち、主要な海洋国10カ国（登記船籍による）で全体の約2分の1を、バラ積み船では3分の2を、そしてタンカーでは約4分の3を占めていた。これらの国々は全体で、世界の全形態船舶重量トン合計の約3分の2を占め、リベリアは単独で、その5分の1弱を占めていた。[2]

　他方、2013年12月31日現在の状況を見ると、アメリカは、商船合計の重量トンが1,125万6,000トン（世界合計シェア1.0％）で19位に後退した。ちなみに日本は、商船合計で85年が4位、5,954万8,000トンであったのが、13年には1,980万1,000トンと12位に転落している。

第 7 章 ポスト 9.11 のアメリカ港湾政策とセキュリティ

表 7-1 世界の商船隊—1985年／2013年比較

		1985年1月1日現在						2013年12月31日現在			
		商船合計		うち貨物船				商船合計		うち貨物船	
順位	国　名	隻数	重量トン(千)	隻数	重量トン(千)	順位	国　名	隻数	重量トン(千)	隻数	重量トン(千)
1	リベリア	1,929	124,728	412	5,025	1	パナマ	8,066	218,269	3,408	75,584
2	パナマ	3,500	63,166	2,090	17,575	2	リベリア	3,080	126,439	1,583	51,509
3	ギリシャ	2,120	61,530	916	9,995	3	マーシャル諸島	2,282	95,025	894	27,499
4	日　本	1,629	59,548	675	6,507	4	香　港	2,267	85,576	983	27,406
5	ノルウェー	498	28,683	133	1,504	5	シンガポール	3,096	69,353	1,106	28,034
6	ソ　連	2,531	23,875	1,809	11,511	6	バハマ	1,348	52,986	650	22,218
7	イギリス	613	23,690	224	2,965	7	マルタ	1,816	49,707	957	17,910
8	アメリカ	492	20,939	216	4,296	8	中　国	3,937	43,064	1,365	10,528
9	フランス	291	15,052	151	1,880	9	ギリシャ	1,315	41,735	515	5,109
10	イタリア	579	14,204	234	1,631	10	イギリス	1,932	30,594	599	15
…						…					
…						12	日　本	5,501	19,801	2,328	7,043
…						…					
…						19	アメリカ	6,367	11,256	430	6,170
	その他	11,242	221,008	7,159	61,869		その他	65,826	278,244	22,871	162,110
	合　計	25,424	656,422	14,019	124,758		合　計	106,833	1,122,049	37,689	441,135

出所　1985年のデータは、White, Lawrence J. (1988). *International Trade in Ocean Shipping Services*. Cambridge, Mass.: Ballinger Publication Companyにより、2013年のデータは、https://www.jsanet.or.jp/data/data.html（最終閲覧日：2016年9月21日）により、筆者作成。

　1985年から2013年までの商船隊合計の伸び率は、世界全体が6億5,642万トンから11億2,205万トンへ70.9％の伸びを示したのに対して、アメリカは同マイナス46.2％であった。また、日本について言えば、同マイナス66.7％で、アメリカ以上の減少率であった。[3]

2．ポスト 9.11 の港湾管理体制

　アメリカの港湾管理体制は、税関・国境警備局（U.S. Customs and Border Protection, CBP）がその主体的役割を演じている。同局は、2003年3月1日、

国境および入国港湾の安全性維持に焦点を合わせた国内初の包括的国境警備機関として設立された。CBPが設立される以前には、海外旅行と貿易のセキュリティ、法令遵守と円滑化を図るため、下記のような複数の組織がその任に当ってきた。それらの役割と責任を統合することで、CBPはシームレスなセキュリティ手続の開発が可能となり、他方、国内移民、健康および国際貿易に関する法令ならびに規制の遵守を確保できたと言われる。以下、CBPのウェブサイト[4]を参考に、その活動内容を要約する。

米国関税局（U.S. Customs Service）　その起源は1789年7月31日までさかのぼり、多くの連邦局および機関の祖先としての役割を果たした。CBPの開庁に伴って閉鎖となり、税関局長がCBP長に異動し、そのスタッフと責任の大部分はCBPに移行した。

入国審査官（Immigration inspectors）　その起源は、1891年3月3日の移民監督事務所設立までさかのぼる。

農業検査官（Agriculture inspectors）　その役割は、1912年8月20日の植物防疫法の通過までさかのぼる。

国境監視員（Border Patrol agents）　アメリカ国境の安全性を維持することが任務で、1924年5月28日、議会が国境監視職員採用を認可して以来、その任務は引き継がれている。

航空海上局（Office of Air and Marine）　CBP設立時から存在するその中核的な専門部門と責任部門に加えて、第三の制服部隊が2006年1月17日に編成され、航空海上監視能力が強化されることとなった。しかし、制服組は、CBPの専門部隊の一部をなすにすぎず、科学捜査官、国際貿易の専門家、広報役員、その他の幹部専門家や職員がこれに参加して、CBPのプロセスをより確実、費用効果的かつ効率的にするために協働している。

　CBP以外の機関では、エネルギー省（U.S. Department of Energy, USDOE）が「メガポート・イニシアチブ」（実行年2003年）の責任機関となっている。この構想は、主要な外国港湾において当該国政府の職員がアメリカ向けコンテナをスキャンするための放射線検知器が据え付けられ、それによって、放

第 7 章　ポスト 9.11のアメリカ港湾政策とセキュリティ

射性物質の拡散を防止しようとするものである。2010年現在、27港で実施完了、他の16港で実施中という。[5]

3．「10＋2」とスキャニング

（1）10＋2要件

「10＋2」と通称されるアメリカの海上セキュリティ構想は、正式には、"10＋2" Importer Security Filling Requirements and Additional Carrier Requirements（「10＋2」輸入者保安申告要件／貨物運送業者追加情報要件）という。10＋2要件は、9.11テロ攻撃後、アメリカ議会がテロ攻撃に対する海運システムの脆弱性を軽減するために制定したいくつかの重要な法令の一つで、アメリカ国内向けコンテナ貨物移動の安全確保を目的とした一連の構想のなかでも、当時、最新のものであった。

その法的根拠は、2006年港湾安全法第203項および2002年海事保安法にて修正された2002年通商法（Trade Act of 2002）第343（a）項にある。港湾安全法は、正式名称をSecurity and Accountability for Every Port Actといい、略してSAFE port actと称され、その第203項では、自動ターゲティング・システム（a）総論として、「国土安全保障省長官は、税関・国境警備局長の作業を通じて以下のことを行う。（1）国際的なサプライチェーンを通じた船積貨物移動に関連したデータの提出を求め、確認すること、（2）検査を要するハイリスク貨物を確認するため、（1）で示されたデータを分析すること」としている。[6]

また、2002年通商法第343（a）項では、「安全な交通システム」のタイトルのもと、「（a）共同作業部会―財務長官は、安全な輸送システムを評価、モデル作成、証明するため共同作業部会を設立するものとする。本作業部会は、運輸省、関税局職員および長官が適切とみなす他の一切の職員で構成されるものである。本作業部会は、本法制定後1年以内に安全な国際複合輸送システムを評価、証明するプログラムを策定するものとする。本作業部会は、広

範な利害関係者から情報を募り、考慮する」(7)と規定している。

　輸入者保安申告要件は、テロの危険を引き起こしかねないコンテナをCBPが確認するのに役立つ追加データが提供されるよう企図されている(8)。すなわち、輸入者は、船泊到着の24時間前に、下記の12項目の船積データの提供を求められるのである。なお、10＋2要件は、2010年1月から罰則付きとして本格運用が実施され、違反した場合には、1件につき5,000ドルの罰金が課せられることになっている(9)。

輸入者保安申告のデータ項目
（1）輸入者の提供義務データ10項目
　①販売者または所有者の名前と住所
　②購入者または荷受人の名前と住所
　③輸入者登録番号・FTZ識別番号
　④荷受人番号
　⑤製造業者（または供給者）の名前と住所
　⑥送り先の名前と住所
　⑦原産国
　⑧品目の米国関税率表番号
　⑨コンテナ詰めの住所
　⑩混載業者（詰込み業者）の名前と住所
（2）運送人の提供義務データ2項目
　①積載計画書
　②アメリカを仕向地として積み込まれたコンテナに関するコンテナ・ステータス・メッセージ

（2）100％スキャニング

　CBPは、多くの構想を通じて、コンテナ貨物の安全性を確保する責任を負っている。これらの構想を通じてCBPは、統一的で強化されたセキュリ

ティ慣行を開発する税関諸機関の努力を組織化し、国際的にも先導的役割を果たして、新しいコンテナ評価、スキャニング、リスク・マネジメントの手続きを実行してきた。

　貨物の安全確保構想と訳されるSecure Freight Initiative (SFI) は、港湾安全法に対応して開発されたものである。これは、非接触型スキャニング (noninvasive scanning)[10] の先進テクノロジーを用いて放射性および核物質を見つけ出すべく、アメリカ向けコンテナを100％スキャンするという構想目標である。しかし、その実施に当たっては課題に直面してきた。

　CBPは、2006年10月、保安貨物活動試験地域 (Secure Freight Initiative Pilots) としてホンジュラス・プエルトコルテス (Puerto Cortes)、パキスタン・ポートカシム (Port Qasim)、イギリス・サウサンプトン (Southampton) の3港を指定した。その後、追加2港がプログラムに加わったが、参加した港湾で100％スキャニングを達成したのは1港もなかったという[11]。SFIパイロット・プログラム2港が、スキャニング・テクノロジーの安全性、SFIプログラムに港湾職員を配置することの困難性およびコンテナ・スキャニングが港湾効率に及ぼすマイナスの影響について懸念を表明して、プログラムへの参加を取りやめた。USDHSの当局者は、法律が要求するとおり、2012年7月までにアメリカ向けコンテナを100％スキャニングするのは困難だと認識している[12]。600以上もの外国港でコンテナを100％スキャニングするのは、実際上、不可能と言わざるを得ず、それゆえに構想倒れの感は否めない。

　CBPは、上記、保安貨物活動試験地域3港で2007年10月から2008年5月頃にかけて100％スキャニングの実施実験を行った結果、苛酷な気象条件下で機器が故障する、データ伝送コストが高い、港湾効率性に影響を与えないような機器設置の仕方や場所など、いくつかの問題があることが指摘された[13]。

　出発港におけるアメリカ向けコンテナの100％スキャニングが非現実的であるとすれば、残された手段は、アメリカ到着港における入国前スキャンに頼るしかない。USDHSが責任機関となって2007年から実施した国内港の放射能対策、「到着貨物の放射能探知機による入国前100％スキャン・プログラ

ム」では、2009年4月現在、国内港に放射能の入口モニタを409台配置し、全到着コンテナの約98％がそこを通過したとしている。[14]

4．C-TPAT

　テロ行為防止のための税関・産業界提携（Customs-Trade Partnership Against Terrorism, C-TPAT）は、日本において比較的、認知度が高い。というのは、日本版C-TPATがAEO制度で、これが実施されてからすでに10年が経過し[15]、実務界においてかなりの浸透を見ているからである。それゆえ、日米対比の意味で日本のAEO制度から論ずることにする。

　AEOの正式名称、authorized economic operatorを字義どおりに訳せば、「認定された経済事業者」となるが、税関では、AEO制度を次のように説明している。「国際貿易の安全確保と円滑化を両立させるため、貨物のセキュリティ管理と法令遵守の体制が整備された国際貿易に関連する事業者（輸出入者、倉庫業者、通関業者等）について、税関長が承認又は認定を行なうことにより、当該事業者に係る貨物の通関手続きの簡素化・迅速化を図る制度[16]」とし、これにかかわる事業者を「認定事業者」と称している。

　現行のAEO制度は、次のものからなっている。

　特例輸入申告制度　特例輸入者（authorized importer）と称される輸入者のAEO制度、2001年3月から実施、承認者数92者（2016年6月9日現在）

　特定輸出申告制度　特定輸出者（authorized exporter）と称される輸出者のAEO制度、2006年3月から実施、承認者数241者（2016年9月28日現在）

　特定保税承認制度　特定保税承認者（authorized warehouse operator）と称される倉庫業者のAEO制度、2007年10月から実施、承認者数128者（2016年7月1日現在）

　認定通関業者制度　認定通関業者（authorized customs broker）と称される通関業者のAEO制度、2008年4月から実施、承認者数132者（2016年9月20日現在）

第7章　ポスト9.11のアメリカ港湾政策とセキュリティ

特定保税運送制度　特定保税運送者（authorized logistics operator）と称される運送者のAEO制度、2008年4月から実施、承認者数7者（2016年7月1日現在）

認定製造者制度　製造者のAEO制度、2009年7月から実施、承認者数ゼロ（2016年10月2日現在）[17]

　上記制度の取得にはいずれも、一定期間法令違反がないこと、業務遂行能力を有していること、法令遵守規則を定めていることなどを要件としている。

　一方、本元であるアメリカのC-TPATについては、駐日アメリカ大使館の税関・国境取締局のウェブサイトに、詳細が載っている[18]。以下では、それを要約する。

　C-TPATとは、グローバル・サプライチェーンとアメリカ国境におけるセキュリティの強化、向上を図るため、政府と産業界が協働して取り組む体制を指す。CBPが輸入者、輸送業者、混載業者、公認通関業者および製造業者などのグローバル・サプライチェーン所有者との緊密な協力関係を通じてのみ高い水準の貨物保安をもたらすことができるという認識のもと、C-TPATは成り立っている。この活動を通じてCBPが企業に要請するのは、当該企業がグローバル・サプライチェーンのなかでその取引先とともにセキュリティの確保に努める点にある。C-TPATは、貿易関連企業がテロ行為に対抗するための積極的な役割を果たし、より安全性の高くかつ迅速なサプライチェーンの確保を可能にする。これに加えて、C-TPAT認定メンバーには具体的に次の優遇措置が与えられるとしている。

- 税関検査回数の低減（国境での遅延の減少）
- 税関検査の優先（可能な限り最優先で検査を実施）
- 企業と協働してそのサプライチェーン全体のセキュリティを確認し、強化に取り組むC-TPATサプライチェーン保安専門官の任命
- CBPによる監査ではなく、自己管理に重点を置いたCBP自己査定プログラム（Importer Self-Assessment Program, ISA）への将来的な参加資格
- C-TPATサプライチェーン・セキュリティ・トレーニング・セミナー

への参加資格

　CBPは、国土の安全を確保するうえで、安全で安心なサプライチェーンの構築が重要であることを認識する。それゆえ、CBPは、C-TPATを通じて貿易産業界とテロ防止のための強固な協力関係を築き、他方、産業界は、日々の業務を通じて貿易の安全確保と法令遵守に対する責任を有する。

　CBPは、すべての企業に対してサプライチェーンと国境のセキュリティの促進において積極的な役割を果たすように働きかけており、大手企業のみならず、中小企業にも参加を促し、様々な優遇措置を享受するよう薦めている。

　要するに、C-TPATは、CBPが責任機関となって、任意基準により民間企業、契約ロジスティクス運送業者その他と協働して、参加企業がコンテナ検査を受ける蓋然性を減らすなど、様々な利益供与と引き換えにサプライチェーンの安全性改善に努めるものである。

　また、CBPが強調する利点の一つに自由安全貿易レーン（Free and Secure Trade lane, FAST）があるが、これは、カナダおよびメキシコからアメリカへ輸入される貨物に関してC-TPATの適合者には通関検査場で専用レーンを使用できるようにするもので、通関手続きにおける時間短縮を付与するものである。C-TPATは、通関検査の階層化も行った。これにより、輸入者は、検査対象となるコンテナ以外はすべて自社構内に移動させることができる。このような優遇策が付与されることによって、2008年3月現在で、C-TPATの認証取得者は8,200者以上に上り、その輸入貨物金額に占める割合は80％に達したとされる[19]。

おわりに

　中間富裕層の台頭とグローバル・サプライチェーンの進展は、現代世界の趨勢である。

　中間層とは、噛み砕いて言うならば、その日の暮らしに窮することなく、例えば、スマートフォンを使ってゲームを楽しんだり、飛行機や客船を使っ

第7章　ポスト９.11のアメリカ港湾政策とセキュリティ

て海外旅行に出かけたりできる人々である。訪日中国人観光客を見ればわかるとおり、彼らの購買力はきわめて旺盛であり、購買力のグローバル化現象をもたらしている。この中間層が世界中でどれくらい増えるのか。一説によると、今後10年間に新興国民の多くが中間層の仲間入りをし、10億人の新中間層が出現するだろうという(20)。

　他方、彼らの物的欲求は、さらなるグローバル・サプライチェーンの進化をもたらし、グローバル・マーケティングとグローバル・ロジスティクスの機能は一段と重要性を増す。より上等の衣服、快適な住まい、美味な食べ物に対する欲求は、人間の本性である。人の物的欲求は多様であり、それを満足させる源泉は世界中に拡散する。製造業者は、人々のこの物的欲求を満たすため、原材料をその原産地から加工施設ないし工場に移動し、さらに、完成品を生産場所から消費地に移動する。このような必要から、ロジスティクス需要は生まれる。原材料調達、製造、流通、消費の連鎖がグローバルに展開されるとき、このプロセスがまさにグローバル・ロジスティクスである。

　港湾および空港は、グローバル・ロジスティクスを構成する中枢機能を果たす。しかし、それだけにテロの標的になりやすく、特に空港は、不特定多数の人々が旅客として、あるいは出迎え・見送りに利用するため、その分、テロリストが一般利用者に紛れて攻撃を仕掛ける可能性が大きくなる。それに引き換え、港湾は、埠頭エリアへの立ち入りが厳しく制限されているため、空港ほどリスクは大きくない。幸いなことに、９.11以後、世界の港湾は、セキュリティの強化により、大規模なテロ襲撃を受けてこなかった。

　しかし、現行の港湾セキュリティ体制で十分でないのは、言を俟たない。完全を期すのであれば、コンテナ輸送の出発港と仕向港の両端で100％スキャニングがなされなくてはならない。前述のとおり、アメリカ向け貨物の出発港における100％スキャニングの実現可能性が乏しいのであれば、輸入港で100％実施しなくてはならないが、これには港湾施設ならびに周辺道路の混雑という副産物が伴う。アメリカでは、このような事態に対処するため、様々な方策を試みており、その一つが、海港ランドサイド・アクセスの確保

である。以下では、アメリカ運輸省交通統計局「海港ランドサイド・アクセス」の全文を紹介することにする。

【付論】海港ランドサイド・アクセス[21]

　2007年12月から2009年6月までの間に起きた景気下降と、関連するコンテナ輸送量の低落から経済状態が立ち直りを見せるにつれて、アメリカ・コンテナ港のスループットは、景気後退以前の水準に復帰するものと期待されている[22]。しかしながら、アメリカの海港が、船舶の大型化と複合輸送業務の複雑化に対応するために近代化、拡大を果たすにつれて、これらの港湾の成長と業務効率の機会は、地上施設の混雑と収容能力上の問題によってしばしば制限を受けている。コンテナ港が地上施設の混雑を軽減し、アクセスと貨物輸送力を向上させる努力に水を差すような、いくつかの重要な要素が作用している。そのような要素には、都市内における立地、土地利用上の問題、および財源が含まれる。

（1）大都市圏における立地

　アメリカの海港の大半は、大都市圏内または近郊に位置し、大型・重量商用トラックに対応できるように道路改良する必要に迫られるなど、インフラ問題を抱えている。コンテナ港は、大都市圏内の既存の交通量・混雑水準を上昇させながら（表7-2）、地方道路にも大量の交通量を生み出している。貨物車両と自家用自動車の交通コンフリクトは、コンテナ港ランドサイドが貨物車と乗用車の双方に利するように改善されれば、緩和されることだろう。例えば、同一平面上に鉄道踏切が数多くあるなかで、鉄道経由のコンテナ港出発貨物が増加すれば、いっそうの道路混雑をもたらすことになろう。このような場合でも多くは、新たに立体交差を建設することによって、混雑を軽減することができるだろうが、その建設には莫大な投資を必要とする[23]。立体交差プロジェクトの最近における大規模な例としては、南カリフォルニアの

第7章 ポスト9.11のアメリカ港湾政策とセキュリティ

表7-2 アメリカの港湾活動と集辺都市圏におけるランドサイド交通遅延

寄港順位	税関港	全形態船舶による寄港と容量(2009年) 寄港	容量(100万dwt)	国内および国際海上貨物総トン数(2008年) 合計ショート・トン(100万)	トン数順位	周辺都市圏の通行者1人当たりの年間ランドサイド交通遅延(2007年)[1] 遅延時間	順位
1	ヒューストン（TX）	6,153	277	212	2	56	4
2	ニューヨーク・ニュージャージー（NY/NJ）	4,430	221	153	3	44	14
3	ロサンゼルス・ロングビーチ（CA）	4,312	285	60	11	70	1
4	ニューオーリンズ（LA）	4,226	211	73	6	20	61
5	サンフランシスコ・ベイエリア港（CA）[2]	3,275	191	1	127	55	5
6	バージニア港（VA）[3]	2,502	135	45	16	29	41
7	サバンナ（GA）	2,219	113	35	22	NA	NA
8	フィラデルフィア（PA）	2,171	132	32	24	38	29
9	コロンビア河川港（OR）[4]	1,925	80	27	29	37	34
10	チャールストン（SC）	1,865	86	21	39	38	29
11	ボルチモア（MD）	1,562	58	43	17	44	14
12	ジャクソンビル（FL）	1,487	48	21	37	39	24
13	ポートアーサー（TX）	1,270	80	32	25	11	79
14	タコマ（WA）	1,149	55	27	28	43	19
15	ポートエバーグレーズ（FL）	1,055	34	22	36	NA	NA
16	テキサスシティ（TX）	1,011	66	53	13	56	4
17	コーパスクリスティ（TX）	972	65	77	5	9	85
18	サンファン（PR）	927	21	11	49	NA	NA
19	シアトル（WA）	920	53	26	31	43	19
20	モービル（AL）	901	46	68	9	NA	NA
21	マイアミ（FL）	893	30	7	66	47	11
22	タンパ（FL）	889	33	40	19	47	11
23	フリーポート（TX）	740	40	30	26	NA	NA
24	レイクチャールズ（LA）	662	48	54	12	NA	NA
25	ホノルル（HI）	596	21	14	43	26	47

略語解説 dwtは重量トン。NAはTexas Transportation Institute, 2009 Annual Urban Mobility Studyにおいて入手不能。

注（1）年間ランドサイド交通遅延に関する利用可能なデータは、2007年が直近年である。これらのデータは港湾区域だけでなく、都市圏も包含している。通行者1人当たりの年間遅延は、ピーク時通行に要したその年の延長通行時間を、ピーク時間（午前6時から9時までと、午後4時から7時まで）に移動を開始した通行者数で除した値に等しい。このようなピーク時通行時間は、フリーフロー・スピードの時間と比較される（フリーウェイの時速60マイルと主要幹線道路の時速35マイルとの比較のように）。
（2）サンフランシスコ・ベイエリア港は、オークランド、レッドウッド・シティ、リッチモンド、サンフランシスコおよびストックトンである。
（3）バージニア港は、ノーフォーク、リッチモンド、ニューポートニューズおよびポーツマスである。
（4）コロンビア-スネーク河川港は、ポートランド、ロングビュー、バンクーバーおよびカラマである。

出所 U.S. Department of Transportation, Research and Innovative Technology Administration, Bureau of Transportation Statistics, based on data from three sources. Port calls data: Maritime Administration, Ports Calls Data, at www.marad.dot.gov, as of Sept. 30, 2010. Cargo weigh data: U.S. Army Corps of Engineers, Waterborne Commerce Statistics Center, Waterborne Commerce of the United States, Calendar Year 2008, Part 5-National Summaries 2008, at www.iwr.usace.army.mil/ndc/wcsc/wcsc.htm, as of Oct. 7, 2010. Traffic delay data: Texas Transportation Institute, 2009 Annual Urban Mobility Study, Table 1, available at mobility.tamu.edu/ums, as of Oct. 7, 2010.

アラメダ回廊（Alameda Corridor）がある。この20マイルの鉄道貨物高速道路は、ロサンゼルスの中心地近郊で、ロングビーチ港ならびにロサンゼルス港を鉄道ネットワークに連結させる役割を果たしている[24]。1997年に建設が始まり、2002年4月に供用が開始されて、以前には200カ所以上の同一平面踏切で、自動車とトラックは、貨物列車が通過するのを長々と待たねばならなかった。今ではそれもバイパスできるようになっている。

（2）土地の価値と競争的利用

コンテナ輸送量の増大とコンテナ船の大型化によって、コンテナ港はバース長、クレーン・サイズ、鉄道およびハイウェイ・アクセスを拡張、拡大させる必要があった。しかしながら、拡張計画は、現地の利害関係と衝突する事態をしばしば発生させた。コンテナ港の運営は、当該自治体の土地利用政策と必ずしも一致せず、現地側では、ウォーターフロント・エリアをより高い価値を生む住居および商業利用に供したい願望が強く、海港産業の運営と相容れない場合が多かった。これらの要因は、環境問題によってしばしば増大される。今では、新しい海運ターミナル建設の構想段階から運用段階に至るまで約10年を要している[25]。コンテナ港関連の貨物輸送動向と取り組むには、港湾施設自体を越えた真にシステム全体の一貫輸送戦略が必要であり、輸送ニーズと土地開発ニーズとの競合バランスを保つため、民間部門ならびにすべての隣接管区の協働が不可欠となっている[26]。

（3）資金調達の課題

アメリカの他の交通システムと同様に、資金調達は、コンテナ港の拡大と港湾テクノロジー・効率の改善のための課題になっている。歴史的に、多くの港湾・海運ターミナルは、地方税あるいは民間部門の投資により融資を受けてきた。しかしながら、近年は、すべての港湾ないしターミナル・オペレーターが、今日の大型コンテナ船に対応するためコンテナ港の拡大および改善に必要な融資を受けられるわけではなかった。昨今では、港湾効率の改善

第7章　ポスト9.11のアメリカ港湾政策とセキュリティ

は、官民連携を通じて実行される形態が典型的である。補助金と税額控除の組み合わせが、このような改善を支援するのに必要となるかもしれない。難題を抱えた資金調達環境にもかかわらず、多くのアメリカ・コンテナ港は、港湾能力の拡大と一貫輸送の改善を遂行し続けている。今後数年のうちに、アメリカ港湾は、約1,200万TEUの容量増加があると期待されている。[27]

（4）アメリカ海港における混雑緩和と土地利用構想

近年、多くの港湾は、現地の国土アクセス機関、港湾管理者、民間部門の貨物運送パートナーおよび地方自治体が協働して、いかに土地利用および混雑緩和問題に取り組むことができるのかを考え始めるようになった。

例えば、2007年、ワシントン州は、鉄道とコンテナ港の貨物移動の調整と投資を改善するためのコンテナ港プロジェクトを公表した。この構想は、現行の土地利用規制とそれがコンテナ港の有効な機能に及ぼすインパクトを検証し、都市と産業、両者の成長をより良く適応させる方法に関して改善点を勧告しようと意図している。[28]

南カリフォルニア政府連合（Southern California Association of Governments, SCAG）の貨物移動プログラムは、2011年の完了予定で、包括的な地域貨物移動計画と実行戦略に取り組んでいる。[29]この計画では、現在の貨物移動パターン、倉庫の立地および収容力水準、将来の一貫輸送システム需要とテクノロジー、さらに、南カリフォルニア地域が将来の貨物運送需要を満たすインフラ開発を一貫輸送システム全体のレベルで可能にする融資戦略など、大規模な分析が試みられることになる。[30]

ランドサイド混雑はまた、地表輸送手段利用の拡張あるいは代替手段としてアメリカ水路の利用増を通じて緩和されつつある。例えば、USDOT海運局（Maritime Administration, MARAD）は、2010年8月、18カ所の海上回廊を公式に指定して独自のアメリカ海上ハイウェイ・プログラムに乗り出すとともに、さらに水上貨物移動を増大させる開発構想を打ち出した（図7-1）。MARADは、指定された海上ハイウェイ・プロジェクトの担当機関に対して

143

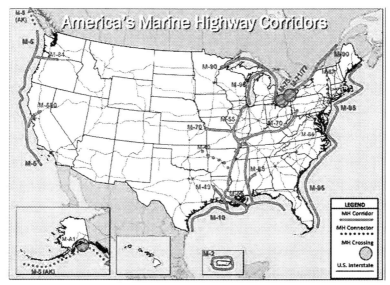

図7-1 指定(アメリカ)海上ハイウェイ回廊
出所 U.S. Department of Transportation, Maritime Administration, America's Marine Highway Program, Available at http://www.marad.dot.gov/ships_shipping_landing_page/mhi_home/mhi_home.htm, as of Jan. 3, 2011.

て交付金を支給することにしている。[31] 海上ハイウェイ・プログラムにおけるさらなる開発のために選択されたプロジェクトの一つは、東海岸海上ハイウェイ構想 (East Coast Marine Highway Initiative)、すなわち、フロリダ州ポートカナベラル、マサチューセッツ州ニューベッドフォード港、メリーランド州ボルチモア港の諸間で結ばれた協力関係である。この構想は、混雑する延長1,000マイルの州際95号線 (Interstate 95 corridor) から貨物を取り除き、国内・国際双方のコンテナ、トラックおよびトレーラーを運送することのできる東海岸沿いの海上ハイウェイを開発することに向けられている。[32]

同様に、テキサス州、ルイジアナ州およびミシシッピ州の支援を受けたガルフ沿岸戦略ハイウェイ構想 (Gulf Coast Strategic Highway Initiative) では、既存の東西ハイウェイの改良と、コーパスクリスティ港およびバーモン

ト港両港の非沿岸接続が提案されている。このプロジェクトは、商業貨物移動のための混雑のない、より確かな路線を提供し、セキュリティと緊急対応のための設備を用意することに向けられている。想定では、ハイウェイは、場所によって貨物専用区間が設けられ、建設後は、その路線を経由すれば、大気環境基準未達成地域（air quality non-attainment area）[33]を通行することなく、港湾までの追加容量とアクセスを提供できるようになるだろう。[34]

この数年間、アメリカ・コンテナ港は、港湾サービスに対する需要増に応じてインフラ課題に取り組んできたが、同時に、メキシコおよびカナダ諸港との競争が増大する事態にも直面せざるを得なくなっていた。メキシコは現在、アメリカ西海岸諸港行きの貨物を誘致できる潜在力を持つコンテナ港施設の新設を計画している。2005年、カナダは、太平洋ゲートウェイ戦略（Pacific Gateway Strategy）プログラムを策定し、自国の西海岸諸港がランドサイド・アクセスと一貫輸送海運接続を改善するため、増大するインフラ資金調達を提供している。[35] アメリカ・コンテナ港が確実に競争力を保持し続けるには、港湾とそのパートナー（海運会社、トラック・鉄道事業者、その他の民間および公共企業主体を含む）は、ランドサイド・アクセスと一貫輸送システム問題に協働して取り組み続けなくてはならない。

注

（1）『日本経済新聞』2001年9月13日付。
（2）White, Lawrence J. (1988). *International Trade in Ocean Shipping Services*. Cambridge, Mass.: Ballinger Publication Company, 13.
（3）日本の減少率が著しいのは、便宜置籍船数の増加によるものである。UNCTAD (2015). Review of Maritime Transportによると、日本の所有船舶は、重量トンで日本国籍が1,949万8,000トン、外国籍が2億1,117万8,000トン、合計2億3,065万5,000トンで、合計に占める外国籍の割合は91.5%であった。日本の重量トン合計の順位は、ギリシャの2億7,943万トンに次いで第2位にランクされ、依然、海運大国であることに変わりはない。http://unctad.org/en/PublicationsLibrary/rmt2015_en.pdf（最終閲覧日：2016年11月3日）
（4）https://www.cbp.gov/about/history（最終閲覧日：2016年9月22日）

（5）U.S. Department of Energy, National Nuclear Security Administration (2010), Megaports Initiative. Available online at nnsa.energy, as of Oct. 1, 2010. in U.S. Department of Transportation, Research and Innovative Technology Administration, Bureau of Transportation Statistics (2011). *America's Container Ports: Linking Markets at Home and Abroad.* Washington, DC.
（6）https://www.congress.gov/109/plaws/publ347/PLAW-109publ347.pdf（最終閲覧日：2016年10月7日）
（7）https://www.congress.gov/107/plaws/publ210/PLAW-107publ210.pdf（最終閲覧日：2016年9月18日）
（8）Government Accountability Office (2009), Feasibility and Cost-Benefit Analysis Would Assist DHS and Congress in Assessing and Implementing the Requirement to Scan 100 Percent of U.S.-Bound, Containers, October 30. Available at www.gao.gov/products/GA0-10-12, as of Sept. 24, 2010. in U.S. Department of Transportation (2011).
（9）https://www.jetro.go.jp/world/qa/04A-090902.html（最終閲覧日：2016年10月1日）
（10）非接触型スキャニングとは、X線検査装置と放射性物質検知装置を組み合わせたコンテナ貨物の検査装置により、コンテナを開錠することなくコンテナの中身を確認するシステムをいう。
（11）U.S. Department of Transportation, Research and Innovative Technology Administration, Bureau of Transportation Statistics (2011), 62.
（12）Government Accountability Office (2009)
（13）http://www.jsanet.or.jp/report/nenpo/nenpo2008/text/nenpo2008_3_6.htm（最終閲覧日：2016年10月1日）
（14）U.S. Department of Transportation, Research and Innovative Technology Administration, Bureau of Transportation Statistics (2011), pp. 63-64.
（15）わが国におけるAEO制度の本格導入は、2006年3月から実施された特定輸出申告制度に始まった。
（16）http://www.customs.go.jp/kyotsu/yogosyu.htm（最終閲覧日：2010年3月4日）
（17）認定製造者制度の承認者については、2016年10月2日現在、税関ウェブ

サイトに記載なし。
(18) http://japanese.japan.usembassy-gov/j/info/tinfoj -cbp-ctpat.html （最終閲覧日：2016年9月19日）
(19) U.S. Department of Transportation, Research and Innovative Technology Administration, Bureau of Transportation Statistics (2011), 63-64.
(20) Sales, Michael (2016). *Aviation Logistics: The Dynamic Partnership of Air Freight and Supply Chain*. London: Kogan Page, 34.
(21) 本付論は、U.S. Department of Transportation, Research and Innovative Technology Administration, Bureau of Transportation Statistics (2011), 48-59を翻訳したものである。
(22) *The Journal of Commerce* (JOC). 2010b. Port Congestion Could Return in Some Sectors. Available at The Journal of Commerce Online, www.joc.com, as of Sept. 27, 2010.
(23) National Research Council (NRC), Transportation Research Board (TRB). National Cooperative Highway Research Program (NCHRP). 2003, Report 497: Financing and Improving Land Access to U.S. Intermodal Cargo Hubs. Washington, DC.
(24) Alameda Corridor Transportation Authority (ACTA). 2010. Fact Sheet. Available at www.acta.org/projects/projects completed alameda factsheet.asp, as of Nov. 18, 2010.
(25) U.S. Department of Transportation (USDOT), Maritime Administration (MARAD). 2009. America's Ports and Intermodal Transportation System. Washington, DC. Available at www.marad.dot.gov, as of Sept. 27, 2010.
(26) National Research Council (2003).
(27) U.S. Department of Transportation, Maritime Administration (2009).
(28) Washington State. 2009. Governor's Container Ports Initiative: Recommendations of the Container Ports and Land Use Work Group Main Report. Available at www.ofm.wa,govireports/ContainerPorts.pdf, as of Sept. 27, 2010.
(29) Southern California Association of Governments (SCAG). 2010. Comprehensive Regional Goods Movement Plan and Implementation Strategy Study Update. Available at http://www.scag.ca.gov/gooelsmove/ as of

Sept. 27, 2010.

(30) Southern California Association of Governments, Los Angeles County Metropolitan Transportation Authority (Metro), Orange County Transportation Authority (OCTA), Riverside County Transportation Commission (RCTC), San Bernardino Associated Governments (SANBAG), Ventura County Transportation Commission (VCTC), California Department of Transportation (Caltrans) Districts 7, 8, 11 & 12, San Diego Association of Governments (SANDAG) (SCAG, ct. al.). 2008 Multi-County Goods Movement Action Plan. Available at http://www.scag.ca.govigoodsmove/ as of Sept. 27, 2010.

(31) U.S. Department of Transportation (USDOT). Maritime Administration (MARAD). 2010b. America's Marine Highway Program. Available at www.marad.dot.gov, as of Oct. 5, 2010.

(32) *The Journal of Commerce* (JOC). 2010c. Port Of Baltimore Selected For Further Study As Marine Highway Project. Available at The Journal of Commerce Online, www.joc.com, as of Oct. 5, 2010.

(33) 米国環境保護庁 (U.S. Environmental Protection Agency, USEPA) は、大気汚染レベルが国の大気質基準を継続的に超えている地域を大気質「未達成」地域として指定している。一酸化炭素、二酸化窒素、二酸化硫黄微粒子、鉛、オゾンあるいは微粒子を含む大気汚染「基準」のうちどれか一つでもプラス超過すると、未達成状態の地域と認定される。大気質基準に関する詳細な情報は、EPAのウェブサイト、http://epa.gov/airquality/greenbk/から得られる。

(34) Gulf Coast Strategic Highway Initiative. 2010. A Strategic Transportation System Linking Military Facilities to Deployment Seaports. Available at http://www.gulfcoasstrategichighway.org/index.html, as of Oct. 5, 2010.

(35) U.S. Department of Transportation, Maritime Administration (2009).

第8章　中国の経済技術開発区と日系企業
―青島の事例を中心として―

はじめに

　わが国の産業空洞化が叫ばれて久しい。この問題は、1980年代後半の85年から88年にかけて、為替相場が1ドル240円から125円というほぼ2倍に跳ね上がる異常事態を示した結果、日本の製造企業が直接投資によって海外に生産拠点を移転する動きが活発化したことに端を発している。自動車やエレクトロニクスなど、わが国の代表的な産業の現地生産化に拍車がかかったのがこの時期であった。

　産業の空洞化は、わが国製造企業におけるグローバル展開の一側面であり、マクロ経済的に見れば、国際分業を推進するとともに、産業の高度化を促進してきた。しかし、その過程で、特にわが国の地方都市では、基幹をなす産業が海外に移転したために地域住民の雇用機会が失われ、人口の流失と減少を招き、地域経済そのものを衰退化させる要因にもなってきた。現在においてもなお、空洞化の勢いには歯止めがかからず、それは全国の自治体が開発し、誘致を進めている工業団地の立地状況を見ればわかる。

　例えば首都圏の北関東3県の場合、経済産業省が2003年3月にまとめた「2002年の工場立地動向調査」によると、茨城県の立地件数が前年比38.7パーセント減の38件、栃木県が19.4パーセント減の25件、そして群馬県が43.2パーセント減の25件で、3県の合計は35.8パーセント減の88件であったという。業種別では、金属製品、一般機械、電気機械の落ち込みが目立ち、これらはいずれも生産体制を中国にシフトさせている業種であった。

　わが国産業の中国シフトは、いつ頃から始まり、それを促した要因は何か。そして中国に進出した日本企業は、現地において成功を収めているのであろ

うか。あるいは、障害があるとすればそれは何か。本章では、前半において、中国の改革・開放政策に基づく経済特区ならびに経済技術開発区の建設に至る経緯について述べ、後半では山東省青島市(サントン)(チンタオ)を事例として日系企業の実態を探ることにしたい。

1. 中国の外資導入状況

　1993年、日本企業の海外進出先は中国が231件で第1位、次いでアメリカが112件の第2位で、94年は中国318件、アメリカ59件となっており、両国の順位は不動であった。しかし、92年以前は、長らくアメリカが日本企業の進出先として首位の座を占めており、それが93年の時点で逆転現象が生じて、「中国ブーム」と言われるほど中国への進出が続いたのであった[3]。これは、改革・開放政策によって外資導入に熱心になった中国側のニーズと、円高の進行と土地価格および人件費の高騰によって海外進出を余儀なくされ、コスト削減を図らねばならなくなった日本企業のニーズとが合致した結果に他ならない。

　ところで中国の改革・開放政策が正式に決定されたのは、1978年12月の中国共産党第11期中央委員会3回総会（3中全会）においてである[4]。その3中全会のコミュニケでは、「……自力更生のもとで世界各国と平等互恵の経済協力を積極的に発展させ、世界の先進技術と先進設備の導入に力を入れ、さらに現代化実現に必要な科学と教育の仕事に力を入れる[5]」とされ、中国はこれを契機にアメリカをはじめとする資本主義諸国との経済協力を推し進めるとともに、積極的に外資導入に乗り出していった。3中全会の決定は、アメリカとの国交樹立（79年1月1日）という歴史的一大イベントを目前に控えた中国政府による毛沢東路線との決別を表し、鄧小平の現代化路線の始まりを示すものであった。

　表8-1の外資導入の状況を見ると、1983年では、外国政府および国際機関からの借款が15億ドル、そして合弁事業などの直接投資の受け入れ額が19

第8章　中国の経済技術開発区と日系企業

表8-1　中国における外資導入状況

(単位：件、億ドル)

年	借款 世界 件数	借款 世界 契約額	直接投資 世界 件数	直接投資 世界 契約額	借款・直接投資 日本 件数	借款・直接投資 日本 契約額
1979〜1982年累計	27	136	922	60		
1983年	52	15	638	19	64	9.4
1984年	38	19	2,166	29	154	8.5
1985年	72	35	3,073	63	138	18.7
1986年	53	84	1,498	33	107	34.0
1987年	56	78	2,233	43	124	38.7
1988年	118	98	5,945	62	253	34.1
1989年	130	52	5,779	56	295	17.3
1990年	98	51	7,273	66	341	16.5
1991年	108	72	12,978	120	607	22.8
1992年	94	107	48,764	581	1,809	33.0
1993年	158	113	83,437	1,114	3,506	57.0
1994年	97	107	47,549	827	3,020	60.0
1995年	173	113	37,011	913	2,946	104.0
1996年	117	80	24,556	733		36.9
1997年	137	59	21,001	510	1,402	34.0
1998年	51	84	19,799	521	1,198	27.5
1999年	104	84	16,918	412	1,167	25.9
2000年			22,347	624	1,614	33.3
合計	1,683	1,387	363,887	6,786	18,745	611.6

注　日本の1996年の件数は出所に記載されておらず不明、金額は契約額ではなく、利用額が示されている。
出所　中嶋誠一編（2002）『中国長期経済統計』日本貿易振興会、491および492頁より作成。

億ドル（契約額ベース）で、対外投資は借款の1.62倍であった。以後、85年まで直接投資が借款を上回る状況が続いたが、86年から88年までの3カ年は逆に借款が直接投資を上回った。そして89年になると再び直接投資が上回るのだが、これは同年6月に「天安門事件」[6]が起こり、アメリカをはじめ先進

151

資本主義諸国が、中国政府による市民デモへの武力弾圧に抗議して、経済制裁措置を加えたために、直接投資が前年規模を下回っているにもかかわらず、借款と直接投資の逆転が生じたものと推測される。その後は一貫して直接投資が借款を上回り、特に93年には1,114億ドルと前年に比べてほぼ倍増した。94、95、96年も直接投資の高水準は続き、97年になって少し落ち着きを取り戻して、500億ドル前後で推移している。

　日本からの借款および直接投資の合計額は、1985年から増加し始め、同年は18億7,000万ドル、前年比120.0パーセント増、86年は34億ドル、前年比81.8パーセント増であった。そして、87年には38億7,000万ドル、88年34億1,000万ドルと、3年連続して30億ドル台を突破したが、89年にはやはり天安門事件が影響して17億3,000万ドルと半減した。この低調はしばらく続き、再び30億ドル台を突破するのは92年になってからである。しかし日本の場合は、以後の増加が急テンポで、93年に57億ドルと過去最高を記録し、94年は60億ドルであっさりと前年の記録を更新して、翌95年には100億ドルの大台を突破する104億ドルとなって「加熱」とも思える様相を呈した。そのような状況も97年からは、世界的な動向に歩調を合わせるかのように沈静化し、30億ドルを中心にして堅実な動きとなっている。

　なお、中国政府としては、債務問題が常に付きまとう借款よりも、諸外国からの直接投資を通じて工業化を実現する方を歓迎したのはもちろんのことであった。

2．経済特区と経済技術開発区

　中国では1979年6月から7月にかけて第5期全国人民代表会議（全人代）第2回会議が開催され、刑法、刑事訴訟法などとともに「中外合資経営企業法」が採択された。中外合資経営企業とは、合弁企業を意味する中国語表現であり、同法では、「中華人民共和国は国際経済合作及び技術交流を拡大するため、外国会社、企業、経済組織及び個人（以下外国合営者という）は、平

第 8 章　中国の経済技術開発区と日系企業

等互恵の原則に基づいて中国の政府の批准を経て、中国内に中国の会社、企業及び経済組織（以下中国合営者という）と共同で合弁企業を設立することを認める」と規定し、これにより、外国企業の中国での合弁事業が可能となった。

　1960年以来、中国は「自力更生」をうたっており、外国からの借款を一切受け入れない方針を貫いてきたが、79年に「中外合資経営企業法」を制定したことは、中国にとって一大政策転換であった。そして外資導入と同時併行して採られた措置が経済特別区（経済特区）の設置である。80年8月、「広東省経済特区条例」が施行され、広東省の深圳、珠海、汕頭そして福建省の厦門の4ヵ所に経済特区が設置された。その後、88年に海南島が広東省から分離して海南省に昇格するのに伴い、それまでの準特区的扱いから全島が5番目の特区に指定された。

　中国政府は、経済特区を設置する上で台湾の高雄輸出加工区をそのモデルとした。高雄輸出加工区は、1966年12月、台湾政府経済部が産業界からの要請を受けて、組織条例および輸出加工区設置管理条例に基づいて設立し、設立当時の開発面積は約68ヘクタール、設立後わずか3年目にして入居率が100パーセントとなったほどの成功を見せた。台湾の経済成長は、多分にこの高雄輸出加工区に負っており、その後、韓国とシンガポールもまた台湾の輸出加工区方式を取り入れ、70年にそれぞれ韓国は馬山輸出加工区、シンガポールはジュロン輸出加工区を設立し、著しい成長を遂げてアジアNIEs（新興工業国・地域）と呼ばれるまでになった。中国の経済特区はこのアジアNIEsの成長にならい、同様の成長パターンを歩もうと目論んで設置されたものと言われる。

　中国はさらに、中国共産党中央書記処と国務院の決定により沿海都市座談会を1984年3月26日から4月6日まで開催し、大連、秦皇島、天津、煙台、青島、連雲港、南通、上海、寧波、温州、福州、広州、湛江、北海の14沿岸都市の対外開放を決定した。これらの沿岸14都市には、その一角に経済特区に準じた経済技術開発区の設置が認められ、外資に対し経済特区並みの

153

優遇措置が設定された。経済特区との違いは、経済特区がそのエリア外と境界線によって明確に区切られ、あたかも日本の江戸時代、鎖国政策下の長崎・出島のごとき性格を連想させるのに対し、経済技術開発区は国内に開放され、開発区における経済成長が内陸部へも波及することが期待されている点である。かくして経済特区の指定と、それに続く経済技術開発区の設置によって、中国の沿海部は点から線あるいは面への発展を遂げていくのである。

ところで、中国に進出している外資企業は、その経営形態によって、合弁企業、合作企業、100％外資（「独資」とも呼ばれる）の3種類に分けられる。

合弁企業は、既述のとおり、1979年に公布された「中外合資経営企業法」に基づいて、中国企業と外国企業のそれぞれが資本や技術、設備などを出し合って、新会社を組織し運営する企業形態である。通常、一定の合弁契約期限が設けられ、その契約期間における利益の配分、期限後の資産の清算は双方の出資比率に基づいて行なわれる。

合作企業は、87年に公布された「中外合作経営企業法」に準拠し、合弁企業とは以下の点で差違が見られる。すなわち、「合弁は出資比率に基づいて、利益分配、清算が行なわれるのに対し、合作は契約に基づいて予め決めておく点に大きなちがいがある。また合作は、契約満了時にはその資産は基本的に無償で中国側に移管されることになっており、その点では合作は『期限付き国有化』される企業である」[13]と言われる。

100％外資企業は、すべて外国企業側の資本や設備などによって運営される形態をいう。100％外資企業は、合弁および合作企業のように中国側企業の制約を受けることはないが、進出場所（土地）の選定や労働者の募集などを中国国内で自由に行なえるわけではない。しかし、経済特区や経済技術開発区内では、そのような規制をほとんど受けないので、そのことが諸々の優遇措置に加えて、100％外資の立地が特区や開発区に集中する一因となっている[14]。

次節では、そのような経済技術開発区の一例として青島を取り上げ、そこに立地する日系企業の実態について論及してみたい。

第 8 章　中国の経済技術開発区と日系企業

3．青島経済技術開発区

（1）概　要

　青島市は、中国山東省の南端にある省直轄市で、1999年現在、総人口703万人（都心部人口240万人）、面積10,654平方キロメートル、膠州湾に面した港湾都市である。[15] 外国企業による直接投資プロジェクトで青島市の認可したものは、98年までの累計で5,763件あり、契約ベースの投資額は93億3,000万ドル、実質投資額は43億1,000万ドルであった。[16] 青島市に進出した企業のなかには、コカ・コーラやデュポン、ネスレなどの欧米の大企業の他に、日本の三菱重工や松下電器産業（現在のパナソニック）、韓国の現代、三星なども含まれている。改革・開放後から98年までの間に青島市内で操業を開始した外資企業は2,917社にのぼり、それらは全体で38万人を雇用し、その輸出額は26億5,000万ドルに達した（98年実績）。[17]

　青島港は、青島既存港区、黄島（ファンダオ）オイル港区、前湾港区の3港区からなり、46バースを有し、1999年の貨物取扱量は7,257万トンであった（表8-2参照）。膠州湾環状高速道路、済南（サイナン）青島高速道路、膠済（コウサイ）鉄道の起点であり、これらのルートを通じて内陸部の華東、華北、西北、中南地区と結ばれ、そこを後背地として、約130カ国・地域の450あまりの港湾と貿易関係を結んでいる。国際コンテナ海上輸送の中継港としてコンテナ埠頭を有するとともに、年間取扱能力2,300万トンの石炭積み卸し施設が設置され、巨大タンカーも停泊可能な石油専用埠頭および60万立方メートルの石油タンクや、年間取扱能力1,600万トンの鉱石・石炭兼用埠頭も1998年に完成している。[18]

　その青島港に面して建設されたのが青島経済技術開発区である。経済技術開発区というのは、端的に言えば、外国企業の直接投資を促すために、所得税や関税などの税制上の優遇措置の他、輸出入手続き上の便宜を供与するとともに、[19] 誘致した企業が生産活動を遂行するのに必要なインフラを備えた工業団地である。青島市の黄島区に位置する青島経済技術開発区は、1984年10

155

表8-2　主要港における貨物取扱量の推移

(単位：万トン)

		上　海	広　州	寧　波	大　連	秦皇島	天　津	青　島	全国合計
1978年	バース数	99	14		69	11	27	24	
	貨物取扱量	7,955	1,950		2,864	2,219	1,131	2,002	19,834
1980年	バース数	101	14	13	63	10	32	25	
	貨物取扱量	8,483	1,210	326	3,263	2,641	1,192	1,708	21,731
1985年	バース数	98	28	23	67	16	34	29	
	貨物取扱量	13,321	4,735	2,002	4,853	5,812	2,109	3,109	43,814
1990年	バース数	215	118	45	75	35	57	40	1,200
	貨物取扱量	13,959	4,163	2,554	4,952	6,945	2,063	3,034	48,321
1995年	バース数	227	127	54	62	44	68	47	1,282
	貨物取扱量	16,567	7,299	6,853	6,417	8,382	5,787	5,103	80,166
1996年	バース数	226	144	52	62	44	70	47	1,539
	貨物取扱量	16,402	7,450	7,639	6,427	8,312	6,188	6,003	85,152
1997年	バース数	238	138	59	65	48	70	43	1,606
	貨物取扱量	16,397	7,518	8,220	7,044	7,862	6,789	6,916	90,822
1998年	バース数	234	136	62	71	48	72	46	1,608
	貨物取扱量	16,388	7,863	8,707	7,515	7,792	6,818	7,018	92,237
1999年	バース数	134	105	45	73	29	62	46	1,392
	貨物取扱量	18,641	10,157	9,660	8,505	8,261	7,298	7,257	105,162
	シェア(%)	17.7	9.7	9.2	8.1	7.9	6.9	6.9	100.0

出所　中嶋（2002年）、455頁より作成。

月に認可、翌85年3月から着工され、開発計画総面積は220平方キロメートルで、重化学工業区、臨港工業区、国際貿易区、商業区、観光リゾート区、行政サービス・センター区に分けられ、人口25万人を擁している。1999年までの累計で、合計51カ国・地域から外国企業が進出し、1,167件の投資プロジェクトが批准され、投資総額は33億4,000ドルに達していた。[20]

　青島市には、この国家レベルの開発区の他に、山東省人民政府が1992年に認可し、管轄する省レベルの開発区、すなわち青島環海経済開発区（ホンハイ）、即墨市（ジイモ）経済開発区、莱西市（レシ）経済開発区、平度市（ピンド）経済開発区、膠南市（コウナン）経済開発区、膠州市経済開発区の6区がある。これらの開発区では、現地の表現で「五通一平」

第 8 章　中国の経済技術開発区と日系企業

（上水道、下水道、道路、電力供給および通信施設の 5 つのインフラが完備し、かつ土地が工場や倉庫、社屋の建設用に平らに整地されている状態）が実現されており、国家レベルの開発区と遜色ない機能を有していることが宣伝されている。このなかでも日系企業が集中しているのは環海経済開発区で、同区は計画面積6.7平方キロメートル、青島市城陽区にあって、西は膠州湾に臨み、東は膠済鉄道と青島市街地に通ずる幹線道路に近く、青島国際空港からは自動車で30～40分のところにある、至って交通便利な場所に位置している。

（2）日系企業の実態

筆者は1997年（予備調査）、98年（本調査）、99年（同）と、ごく短期間の滞在ではあるが、3度、青島市を訪れ、現地調査を行った。[21] そして99年9月には、黄島と環海の2つの開発区に立地する日系企業26社から、直接ヒアリング調査を行った。質問項目数は、細項目を含めると60項目に及び、その回答結果について要点を整理すると、以下のとおりとなる。[22]

（a）設立年、設立の動機

調査対象企業のうちで、設立が最も早かったのは1986年 5 月設立の企業で、逆に最も遅いのが97年12月であった。本調査を開始した98年 8 月の時点で、
　　設立後 1 年未満 1 社　　1 年以上 2 年未満 3 社　　2 年以上 3 年未満 7 社
　　3 年以上 4 年未満 6 社　　4 年以上 5 年未満 2 社　　5 年以上 6 年未満 1 社
　　6 年以上 7 年未満 0 社　　7 年以上 8 年未満 0 社　　8 年以上 9 年未満 1 社
　　9 年以上10年未満 2 社　　10年以上 1 社
となっており、設立後 2 、 3 年の企業が最も多い。

設立の動機については、「日本における賃金コストの上昇のため、賃金コストの低い中国に進出した」という答えが最も多く（ 8 社、33パーセント）、次いで「本社事業部門の海外拠点としてグローバル化のために進出した」、「日本国内の主要な客先が青島に進出したので、それを追って進出した」、「製品の品質を維持、向上させるため進出した」が同数（ 5 社、21パーセント）で続いた。その他の動機としては、「原料の仕入れが容易なために進出した」、

157

「生産量を拡大するために進出した」という回答もあった。

(b) 業　種

青島経済技術開発区では、ハイテクからローテク産業に至るまでほとんどすべての業種に関して外国投資が奨励されているが[23]、これらの業種はすべてわが国の得意とする分野である。そこで、実際に進出している日系企業の事業分野はどうなのかを見てみると、次のような結果になった。

繊維業5社　　　　化学4社　　　　電気機器4社
食料品3社　　　　窯業・土石2社　　運輸業2社
金属製品1社　　　自動車・部品1社　パルプ・紙1社
ゴム・皮革1社

この中には、今日、わが国では、かなり以前に姿を消した業種、例えば、魚焼きや餅焼き用の金網を製造している会社もあった。かつて、高度経済成長期の初期の頃まで、東京や大阪に数多く見られた零細な町工場が、人件費および土地価格の上昇などのために維持しきれなくなって、地方に分散していった経緯があるが、今日、それが中国にまで拡散していると見てとることができる。

(c) 投資形態および資本金

中国では外資企業は「三資企業」と別の言い方もされる。三資とは、合弁企業、合作企業、100%外資企業のことを指すが、調査結果では、対象企業24社のうち合弁企業が8社、100%外資企業14社、合作企業0社、不明2社で、100%外資の形態が過半数を占めていた。

資本金額は、最高で15億円、最低が2,100万円で、対象企業の資本金総額は73億4,100万円であった。その内訳は、

1億円未満5社　　　　　　1億円以上2億円未満6社
2億円以上3億円未満4社　3億円以上4億円未満2社
4億円以上5億円未満2社　5億円以上10億円未満2社
10億円以上2社　　　　　不明1社

であり、資本金3億円未満の中小企業が大半を占めていた。

第8章　中国の経済技術開発区と日系企業

（d）従業者数

　従業者数は、最も多いところが1,043人、最も少ないところが20人で、対象企業の従業者総数は3,377人であった。内訳は、

50人未満 5社	50人以上100人未満 6社
100人以上150人未満 2社	150人以上200人未満 3社
200人以上250人未満 1社	250人以上 3社
不明 4社	

である。

　設立動機の箇所でも触れたが、日系企業の多くは、賃金コストの削減を意図して進出してきており、したがって、董事長（社長のことを意味する中国語）や、副董事長など現地の日本人管理者は、賃金を含めた労務管理一般に細心の注意を払っている。また、労務管理の善し悪しが品質水準の維持にかかわってくるのは言うまでもないことで、彼ら日本人管理者が、この問題にどのように対処しているか、3社合同のヒアリング調査を別途に行ったので（1999年9月10日実施）、その結果概要を表8-3に示しておく。表中の3社は、

表8-3　労務問題に関する3社調査

募集・採用	M社	常時募集（補充目的ではなく業務拡張のために募集）。募集に際して、年齢制限は特になし。
	N社	新卒者を募集（年度末の5月頃から近隣の中学校へ募集要項を配付。応募者に対し適性検査を実施する。評価Aの者から採用枠の2倍程度を確保し、その後、健康診断等を通して採用を決める）。
	R社	特別に募集活動は実施せず。
教育・訓練	M社	作業適性に関する現地での経験則に基づき、女子はアセンブリー・ラインへ、男子は加工へ配置している。社内で資格試験ならびに技能試験を実施。各作業工程はマニュアル化されており、手当付きの認定制度を実施。
	N社	技能試験の実施。技能レベルは5段階に分けられる。各技能レベルは技能給とリンクしている。現地労働者は班長および係長まで昇格が可能である。より上位の職位には日本人スタッフを当てる。
	R社	第1ステップ＝就業規則の厳守。第2ステップ＝98年度から、生産量、生産性、QC、安全性などの項目ごとに目標管理を導入。福利厚生の充実にも力を入れ、帰属意識も高まっている。

ともに黄島の経済技術開発区に立地する企業で、業種は、M社が電気機器、N社およびR社が繊維業である。M社は、青島の日系企業のうちでも、最多の労働者を雇用しており、N社、R社も雇用労働者数では上位に位置付けられる企業である。

おわりに

　青島の開発区では黄島においても環海においても、あらゆる業種からの投資を期待しているが、開発区側が最も必要とし望んでいるのは、エレクトロニクスやITなどのハイテク産業である。上記の調査においては、実際のところ、進出している日系企業は、数の上では繊維業、食料品といった軽工業の部類に属する業種が目立つ。しかし資本金額を見ると、電気機器が26億円で、資本金総額に占める比率は35パーセントであり、その従業者数は1,414人、従業者総数の42パーセントに達している。また、化学業種に分類された4社のうち2社は、電子部品用のプラスチック製品を生産しているので、電気機器の関連企業と見なすことができる。この2社を含めると、電気機器は資本金で29億6,800万円、構成比40パーセント、従業者数が1,692人、構成比50パーセント以上となる。このことから、青島の開発区は、電気機器を中心にした日系企業の産業集積が見られ、それが大きな特徴をなしていると言える。

　これらの企業は、かつては日本の各地に立地し、地域経済の発展に寄与してきたものである。それが中国に移転し、わが国産業構造の空洞化を招いているのであるが、空洞化に歯止めをかけ、さらには移転した企業を再び日本に戻ってこさせることは可能なのかという根本問題にここで突き当たる。結論的にいえば、現状では不可能と言わざるを得まい。なぜならば、はじめに述べたように空洞化はグローバル化の一側面であり、グローバル化を促進する要因は、それを抑制する力よりも強いと考えられるからである。中国における生活水準が向上し、それに伴って人件費も上がり、また何らかの理由で輸送コストの上昇が見られるなどして、現地生産が採算ベースに乗らなくな

れば、回帰現象も現れるかもしれない。あるいは、採算ベースに乗るような別の進出先を企業は求めるかもしれない。後者のケースの方が、可能性としてはより大きいだろう。

　実際、こういう事例が報告されている。アメリカのアロー・シャツ社（Arrow Shirt Company）は、1950年代に日本での調達を開始した。日本の賃金および不動産コストが上昇するにつれて、生産拠点を香港に移し、その後、台湾、韓国に移した。70年代から80年代には、中国、インドネシア、タイ、マレーシア、バングラデシュ、シンガポールへと生産拠点を移し続けたが、併行してアメリカの工場施設を自動化し、輸入を徐々に削減していく方針を採用したという[24]。しかし同社のアメリカ回帰は、雇用問題の解決には何ら益するところがなかった。アロー・シャツ社は、工場施設を自動化した後に、4工場を閉鎖して400名のアメリカ人労働者を解雇したからである[25]。かくして空洞化に歯止めがかかったとしても、それがストレートに雇用の確保にはつながらないことを同社の経験は実証している。したがって、今日の日本経済の停滞を打破するのは、空洞化に歯止めをかけることよりも、むしろ雇用を生むような新しい産業を育成することにある。明治期から現代に至るまでのわが国の産業経営史を概観すると、そのような新しい産業を興した数多くの経営者が現れ、イノベーションと斬新な企業家精神とが融合しているのがわかる。

注

（1）内閣府（2002）『平成14年度　年次経済財政報告（経済財政政策担当大臣報告）―改革なくして成長なしⅡ―』http://www5.cao.go.jp/j-j/wp/wp-je02/wp-je02-00301.html
（2）『日本経済新聞』（首都圏経済版）2003年3月28日付。
（3）高橋志津子（1994）「赤い資本主義の大海に飛び込んだ日本企業の課題とは」『中国進出企業総覧'95』東洋経済新報社、16頁参照。
（4）稲垣清（1989）「対外経済関係と政策の変動」『岩波講座現代中国第2巻・中国経済の転換』岩波書店、260頁参照。
（5）『北京周報』1979年1月2日付。稲垣（1989）、260頁。

（6）1989年当時、鄧小平が推進した価格体系改革の失敗により、物価が高騰し、失業者が増え、農村から都市に労働者が流出して社会不安を招いていた。そのようななかで、同年4月15日、胡耀邦中国共産党元総書記が心臓発作で死亡した。民主化・自由化に向けて積極的に改革に取り組んだ胡耀邦の死は、学生たちによる民主化運動を再燃させるきっかけとなり、北京は連日100万人規模のデモで揺れ動いた。危機感を抱いた中国政府は、武力制圧に乗り出し、6月4日、北京・天安門広場の学生らに無差別発砲し、戒厳部隊が広場を完全に制圧して学生・市民ら3,000人以上が死亡し、約1万人が負傷したと推定されている（中国政府の発表では、死亡者の数は319人となっている）。大貫啓行（1999）『現代中国の群像―歴史はこうして創られる』麗澤大学出版会、268～269頁参照。
（7）岡部達味・安藤正士編（1996）『原典中国現代史別巻・中国研究ハンドブック』岩波書店、370頁、「年表」参照。
（8）「中華人民共和国中外合資経営企業法」（1979年7月1日、第五期全国人民代表大会第二回会議採択　1990年4月4日、第七期全国人民代表大会第三回会議改訂）http://www.shanghaiinvest.com/jp/viewfile.php?id=83（2013.03.23入手）
（9）厦門のように、読み方が難解と思われる地名についてはふり仮名を付けた。ただし、その表記は、例えば厦門であれば、日本式の「アモイ」と中国式の「シアメン」の二通りがあるが、日本国内で普及している方を優先し、そうでない場合に限って中国式に従った。
（10）（財）交流協会高雄事務所「情勢調査報告（台湾の工業発展と輸出加工区）」http://www.koryu.or.jp/trade/1_09base.html
（11）小島麗逸（1998）「経済特区」『CD-ROM版　世界大百科事典（第2版）』日立デジタル平凡社、参照。
（12）岡部他（1996）、393頁。
（13）稲垣（1989）、265頁。
（14）合弁、合作、100％外資それぞれの企業の特徴は、稲垣（1989）、265～267頁参照。
（15）http://www.lizi.com/qingdao/qincity.html
（16）青島市対外経済貿易委員会編（1999）『青島投資案内1999』青島出版社、2頁。
（17）青島市（1999）、2頁。

(18) 青島市（1999）、6頁。
(19) 経済技術開発区において外資企業が受けられる優遇税制措置の要点は、以下のとおりである。

　1．法人税の優遇措置

　　①国内企業、外資企業を問わず、企業所得税率は33パーセントに統一されているのが15パーセントに減免される。②2免3減。経営期間を10年以上とする企業に対して、経営が黒字になった時点から数えて、最初の2年間はその法人税が全額免除され、その後の3年間は半額免除（7.5パーセントの法人税率が適用）される。③2免3減の優遇政策の期限満了後、当該年度において総売上の70パーセントに相当する金額の商品が輸出された場合、法人税は10パーセントに減免される。④当該企業が先端技術を有する企業として開発区に認定されれば、2免3減の優遇政策が期限満了後もさらに3年間、法人税半額の優遇措置が受けられる。⑤営業利益から当該企業の増資あるいは再投資された場合、かつ経営期間を5年以上とする企業に対して、すでに納付された法人税の40パーセントが税務署の審査を経た上で還付される。

　2．増値税の優遇措置

　　①生産された商品が海外へ輸出される場合、その増値税は免除される。②農業、林業、養殖業などの第一次産業に属する生産者に対しては、販売された商品の増値税が免除される。http://www.qingdao-b.com/menu/yugu.html参照。

(20) http://www.shanghai.or.jp/osaka-city/kaihatsuku/n018.html
(21) 北海学園研究助成よる北海学園北見大学研究プロジェクトで、吉田省一（研究代表）、菊池均、小堀雅浩、元山啓、吉岡秀輝の5名（いずれも当時、北海学園北見大学に所属）がそのメンバーに参加した。
(22) ヒアリングを実施した対象企業26社のうち2社は、質問票が未回収であるため、ここでは、24社の回答結果を集約している。なお、本調査報告は、吉岡秀輝（2000）「青島経済技術開発区における日系企業」日本港湾経済学会編『日本港湾経済学会年報　港湾経済研究』第38号が初出であり、本章ではそれを加筆修正した。
(23) 奨励されている業種に関する詳細は、吉岡（2000）、204頁を参照。
(24) Warren J Keegan (2002). *Global Marketing Management*. 7th ed. New Jersey: Prentice-Hall International. p.234.
(25) Keegan (2002). p.233.

索 引

欧文・略語事項

ADA⇒航空規制緩和法
AEO制度　59〜62, 66
All Air　75, 76
All Sea　75, 76
APL　50
BA⇒英国航空
CAB　86, 87, 90, 91, 94, 95, 102, 104〜106, 110〜112, 115〜117
CCC⇒コンテナに関する通関条約
CFS⇒コンテナ・フレート・ステーション
CIF　64
CIM⇒国際鉄道物品運送条約
CIP　64
CMR⇒国際道路物品運送条約
CRS⇒コンピュータ予約システム
CSC⇒コンテナ安全条約
CY⇒コンテナ・ヤード
FCA　64
FFP⇒常連顧客優待制度
FOB　64
ISO⇒国際標準化機構
KLMオランダ航空　77, 121, 122, 124, 127
LCL貨物　52
LTL　92, 105
MAC⇒軍事空輸軍団

NCA⇒日本貨物航空
NIEs　153
OICT⇒太田国際貨物ターミナル
TICT⇒つくば国際貨物ターミナル
TWA⇒トランス・ワールド航空
UAL　120, 126
UICT⇒宇都宮国際貨物ターミナル
UPS⇒ユナイテッド・パーセル・サービス
USエア　121, 122, 124

和文事項

ア 行

アエロフロート　77, 121, 123
あめりか丸　43
アメリカ民間航空委員会（CAB）⇒CAB
アメリカン航空　76, 77, 100, 113, 114, 121, 122
アリタリア航空　124
アロー・シャツ社　161
イースタン航空　118, 122
イールド　101
移行の混乱状態　102, 103
一般輸送　74, 75
インコタームズ　64, 66
インターラインコネクション　113

165

インランド・デポ　49〜59, 61〜66
宇都宮国際貨物ターミナル（UICT）　54〜56
運航（行）者（オペレーター）　73, 74
運搬具　13, 20, 22, 25
エア・カナダ　77, 121, 122
エア・タクシー　110
エア・パートナーズ　122
エア・フレイト　90, 92, 116
エア・ロシア　123
エアリフト・インターナショナル　96, 98, 99, 106, 115
英国航空（BA）　121〜124, 127
エール・フランス　121, 124, 127
エバーグリーン・インターナショナル航空　96, 106
オーストリア航空　124
太田国際貨物ターミナル（OICT）　54, 55, 57, 58, 66
オーバーナイト　91
沖荷役　38
オフ・ピーク　92, 100
折りたたみ式コンテナ　34, 47
オンラインコネクション　112, 113

カ　行

海運造船合理化審議会（海造審）　42
改革・開放政策　150
外貿埠頭公団法　44
カスタム・メイドのロジスティクス輸送　74
合作企業　154, 158
ガトウィック空港　123
下部貨物室　86, 90, 91, 104
貨物専門　69, 86〜92, 94, 95, 97〜99, 103
カンタス航空　121, 123, 125
企業城下町　57
帰属　159
業界平均コスト　91
空洞化　149, 160, 161
軍事空輸軍団（MAC）　116, 126
経済技術開発区　149, 150, 152〜155, 158, 160, 163
経済特区　150, 152〜154, 162
京浜外貿埠頭公団　44
ゲートウェイ　124
ゲートウェイ・シティ号　37
公共の便宜と必要性　87, 116
航空規制緩和法（ADA）　109〜111, 115, 117
広胴機　90
合弁企業　152〜154, 158
コード・シェアリング　125
国際鉄道物品運送条約（CIM）　82
国際道路物品運送条約（CMR）　82
国際標準化機構（ISO）　32
五通一平　156
コネクス・コンテナ　34
コミューター　88〜90, 96, 110
コモン・キャリヤー　116
コンチネンタル航空　100, 121, 122, 126

索　引

コンテナ・ターミナル　44, 52
コンテナ・フレート・ステーション
　（CFS）　51, 52
コンテナ・ヤード（CY）　51, 52, 62
コンテナ安全条約（CSC）　33
コンテナ革命　31, 37
コンテナに関する通関条約（CCC）　33
コントラクト・キャリヤー　106
コンビネーション・キャリヤー　69
コンビネーション機　86, 88, 90, 97,
　100, 104
コンピュータ予約システム（CRS）
　112, 113

サ　行

最優良時間帯　87, 90～92, 94, 97,
　105
在来荷役　38, 41
再路線化　97
サベナ・ベルギー航空　124
三資企業　158
ザントップ・インターナショナル航空
　106
サンファン号　45
シー・アンド・エア　69, 70, 74～81,
　83
シーボード・ワールド航空　96, 98, 99,
　106, 115
シーランド社　32, 34, 36, 37, 43～46,
　48, 53
時間主義輸送　74, 75

ジャスト・イン・タイム　74
州際交通委員会　92
受益者負担の原則　26
ジュロン輸出加工区　153
常連顧客優待制度（FFP）　112, 114,
　115
スイス航空　124
スーパーエコシップ（SES）　22
スカンジナビア航空　77, 124
ストラドル・キャリア　38
スペース・ブローカー　78
セルガイド　37
全日本空輸（全日空）　121, 124, 125

タ　行

ターボプロップ機　96, 106
ターミナル　20, 42, 43, 73, 74, 83
ターンパイク・トラスト　23, 24, 28
第一画面表示　113, 126
第三セクター　55, 57, 58
第二の黒船襲来　50
たから号　34, 35
ダン・エア　123
チェンジ・オブ・ゲージ　125
チャーター　88, 89, 93, 94, 97, 104,
　105, 116
中外合資経営企業法　152～154, 162
調達　30, 71, 73, 161
直行便　76, 98
青島　149, 150, 153～158, 160, 162,
　163

167

ツイストロック　37
通行税　22, 23, 25
通路　20
つくば国際貨物ターミナル（TICT）
　　54, 55, 57, 65, 66
デルタ・エア　123
デルタ航空　100, 120～122
天安門事件　151, 152
ドア・ツー・ドア　35, 77, 81, 92
ドイツBA　123
動力　20～22
道路審議会　24
道路税　22～24
道路整備特別措置法　24
道路無料公開の原則　24
通し運送状　81, 82
通し運送責任　81, 82
通し運賃　81, 82
トール・ゲート　23
特定重要港湾　39, 40
特別輸送　74, 75
途中着陸　98
特化　13, 70, 73, 75, 88, 89, 103
トランザメリカ航空　106
トランス・インターナショナル航空
　　106
トランス・ワールド航空（TWA）
　　100, 111

ナ 行

中抜き　59, 62

ナショナル・スカイウェイズ・フレイト
　　116
ナショナル航空　117～119
日本エアシステム（日本エア）　124,
　　125
日本海上コンテナ協会　31, 46～48,
　　51, 53, 64, 65
日本貨物航空（NCA）　103
日本航空（日航）　85, 104, 121, 124,
　　125
ノースウエスト航空　111, 121, 122

ハ 行

ハイブリッドカー　22
箱根丸　43
はしけ　21, 38, 41, 42
馬車時代　23
ハブ・アンド・スポーク　112, 113
ハブ空港　112, 124
浜松内陸コンテナ基地　49, 53～55,
　　64, 65
ハワイアン・マーチャント号　38
パン・アトランティック汽船　36
パン・アメリカン航空（パンナム）
　　96, 97, 106, 111, 117～122, 126
ハンガリー国営航空　124
阪神外貿埠頭公団　44
ヒースロー空港　124
ピギーバック　37
100％外資（独資）　154, 158, 162
フィーダー　88, 110, 111, 118

索 引

プール制　24, 25
フェデラル・エクスプレス　82, 96, 103, 105, 117
フォワーダー　65, 70, 74, 78, 81, 82, 91
不定期運送事業者　104
船混み　37, 39〜41
フライング・タイガー航空　69, 77, 82, 95, 96, 98〜100, 105, 106, 115〜118, 126
ブラニフ航空　111
ブランド　114
ふるい分け　100
フレイター（貨物専用機）　77, 88, 90〜92, 94, 96〜101, 104
プレジデント・リンカーン　50
分業　13, 149
ヘーグ・ルール　82
包装　83
ポーランド国営航空　124
保税地域　50, 61, 62
補足的運送事業者　88, 93, 96, 97, 104

マ 行

マーチン・エア　77
マイレージ・サービス　112
マクストン号　37
マクリーン・インダストリーズ社　36
馬山輸出加工区　153
マトソン社　32, 38, 43〜46, 49, 53
港混み　39

民間航空法　110
メガ・キャリヤー（巨大航空会社）　109, 121, 123, 124

ヤ 行

輸出志向　59, 63
輸送力　47, 86, 87, 89〜92, 100, 105
ユナイテッド・パーセル・サービス（UPS）　117
ユナイテッド航空　77, 100, 111, 113, 120〜122, 124, 126
ユニット・ロード　32, 33

ラ 行

リージョナル航空会社　113
リース　73, 88, 93
リードタイム　57, 62
流通チャネル　71
料金平均化　87
旅客航空会社　87, 90, 97, 121
旅行代理店　113, 114
ルフトハンザ　121, 124, 125
レーガノミックス　85
連邦航空法　87
連邦破産法11条（チャプター11）　120, 122
ロード・ファクター　87, 97, 98, 104
ロジスティクス　33, 56, 71, 72, 74, 83（⇒カスタム・メイドのロジスティクス輸送）

ワ　行

ワルソー条約　81

初出一覧

第 1 章
「交通の本質に関する再考察―文献解釈を中心にして―」『高崎商科大学紀要』第27号、2012年12月

第 2 章
「わが国における海上コンテナ導入期の再考」飯沼博一編（2005）『国際貿易をめぐる諸問題と解決への道―その理論と現実―』白桃書房、第12章所収

第 3 章
「インランド・デポ概念の変遷と今日的課題」『日本港湾経済学会年報 港湾経済研究』第49号、2011年 3 月

第 4 章
「国際輸送における海運と空運の補完的結合関係について」北海学園北見大学商学部編（1996）『現代ビジネスの課題と展望（北海学園北見大学叢書）』泉文堂、第Ⅱ部 3 所収

第 5 章
「アメリカ航空貨物業界と規制緩和」山上徹編（1988）『国際物流概論』白桃書房、第 9 章所収

第 6 章
「米国空運事業の再構築と規制緩和」『中央学院大学総合科学研究所紀要』第 9 巻第11号、1993年 9 月

第 7 章
「ポスト 9 .11のアメリカ港湾政策とセキュリティ」『高崎商科大学紀要』第31号、2016年12月

第 8 章
「中国の経済技術開発区と日系企業―青島の事例を中心に―」『日本港湾経済学会年報　港湾経済研究』第38号、2000年 3 月

著者紹介

吉岡秀輝（よしおか・ひでき）

高崎商科大学商学部（同大学院商学研究科）教授、日本大学大学院商学研究科商学専攻博士課程後満期退学、北海学園北見大学商学部教授、カナダ・アルバータ州立レスブリッジ大学経営学部研究員、2002年より現職。

著書に『国際物流概論』（共著）白桃書房、1988年　『現代日本経済と港湾』（共著）成山堂書店、2001年　『流通情報概論』（共著）成山堂書店、2003年　『現代観光へのアプローチ』（共著）白桃書房、2003年　『国際貿易をめぐる諸問題と解決への道―その理論と現実』（共著）白桃書房、2005年　『オコーナー著　現代航空経済概論』（翻訳・共著）成山堂書店、1986年　『B.グッドール他編　観光・リゾートのマーケティング―ヨーロッパの地域振興策について』（翻訳・共著）白桃書房、1989年　『D.M.キャスパー著　国際航空自由化論―サービス貿易とグローバル化』（翻訳・共著）文眞堂書店、1993年など

物流新時代とグローバル化

2017年9月20日　第1版第1刷	定　価＝2800円＋税
2019年3月25日　第1版第2刷	

著　者　吉　岡　秀　輝　Ⓒ
発行人　相　良　景　行
発行所　㈲　時　潮　社

〒174-0063　東京都板橋区前野町4-62-15
電　話　03-5915-9046
ＦＡＸ　03-5970-4030
郵便振替　00190-7-741179　時潮社
ＵＲＬ　http://www.jichosha.jp

印刷・相良整版印刷　製本・武蔵製本

乱丁本・落丁本はお取り替えします。
ISBN978-4-7888-0719-8

時潮社の本

多様性社会と人間
IT社会と経営・食文化・ダイバーシティー
澁澤健太郎・雨宮寛二・諸伏雅代　共著
Ａ５判・並製・184頁・定価2800円（税別）

ITの急激な進步・普及とグローバリゼーションの流れは社会構造を根底から変えようとしている。ヒト・モノ・カネが国境を越え自由に往来する時代、多様な価値観を受け入れていくことが各自に求められている。「社会経済、食生活・文化における多様性とは」を探る。

グローバル企業経営支援システム
―時間発展型統合シミュレーションを用いて―
張　静　著
Ａ５判・並製・160頁・定価3500円（税別）

従来の勘とコツによる物流管理方式を脱した新方式、グローバル・カンパニー・マネージメント（GCM）システムを提案。本書では、生産〜物流〜販売〜在庫の一元管理により、グローバル企業の経営の最適化をサポートするGCMを全面的に紹介する。

イノベーションと流通構造の国際的変化
業態開発戦略、商品開発戦略から情報化戦略への転換
蓼沼智行　著
Ａ５判・並製・280頁・定価2800円（税別）

国際的トレーサビリティ・システムの構築へ——イノベーションと構造変化の一般化を図り、流通のグローバル化と国際的トレーサビリティ・システムの新たな構築に向けた動きが内包する社会経済的影響と世界システムの変容への示唆を解明する。

時潮社の本

高度成長期日本の国立公園
―自然保護と開発の激突を中心に―

村串仁三郎 著

Ａ５判・上製・432頁・定価3500円（税別）

好評を博した『国立公園成立史の研究』、『自然保護と戦後日本の国立公園』、に次ぐわが国の国立公園研究の第一人者による第３弾。戦前・戦後の貧しい構造を引き継いだ高度成長期の国立公園の構造を解明し、観光開発計画と自然保護運動の激突を詳細に描き、自然保護の砦としての国立公園のあり方を問う。

イギリスの政治制度

倉島 隆 著

Ａ５判・並製・304頁・定価3200円（税別）

イギリスの両院制が近年における一定の議会制度改革プログラムによって変貌を遂げた諸局面を、長期的な視野から再検討し、これらの議会改革によってそれ以上にイギリスの議会政治状況が変化した諸局面を、制度的・思想的な複眼的アプローチによって多角的に検証する。

民主主義を相対化する中国

范 力 編著

Ａ５判・上製・268頁・定価3000円（税別）

世界二位の経済力を背景に、アジアインフラ投資銀行（AIIB）の設立を果たした中国が世界市場で力を手に入れつつあるのは衆目の一致するところである。政治＝統治手法の変遷と内外のパワーバランス、したたかな生存戦略の実像を実践的かつ怜悧に分析する注目の論考集。

時潮社の本

中東欧体制移行諸国における金融システムの構築
――銀行民営化と外国銀行の役割を中心に――

高田　公　著

Ａ５判・上製・260頁・定価6000円（税別）

ペレストロイカからベルリンの壁崩壊、ソ連邦解体から中東欧社会主義諸国も資本主義体制へと体制を移行するに伴い、金融システムにどのような変化をもたらしたのか。民営化、外国銀行の参入、EU加盟、2008年金融危機にどう対応したのかを解く。

イギリス植民地貿易史
――自由貿易からナショナル・トラスト成立へ――

四元忠博　著

Ａ５判・上製・360頁・定価3000円（税別）

イギリス経済史を俯瞰することは現在のグローバル化世界の根幹を知ることでもある。そのたゆまぬ人・モノ・カネの交流・交易――経済成長の行く先が「自然破壊」であった。そんななか自然豊かで広大な土地を不必要な開発行為から守る運動として始まったナショナル・トラスト、その成立課程をイギリス経済史のなかに位置づける。

「倫理」論文解釈の倫理問題
特に、『マックス・ヴェーバーの犯罪』における"不正行為"をめぐって

茨木竹二　著

Ａ５判・上製・360頁・定価4800円（税別）

本書の主たる「目的」は、最近20年来の「倫理」論文の解釈をめぐる"羽入―折原論争"、並びにその周辺の"議論"を、"文献実証主義的解釈の方法的基準"として"理念型的"に構成し、且つそうした"解釈"の"倫理問題"として「総（小）括」することにある。